EVERIGHT BOOK 永正图书

# 2012：

## 重生还是毁灭

[美]J.A.丹尼雷克 著　袁丽伦 译

知識出版社

Translated from
2012 EXTINCTION OR UTOPIA:
DOOMSDAY PROPHECIES EXPLORED

Published by Llewellyn Publications
Woodbury, MN 55125 USA
www.llewellyn.com
Cover art © Photodisc Spacescapes
Cover design by Lisa Novak
Editing by Brett Fechheimer

图字：01-2010-0724

图书在版编目（CIP）数据
2012：重生还是毁灭/（美）丹尼雷克著；袁丽伦
译.—北京：知识出版社，2010.2
ISBN 978-7-5015-5957-2
Ⅰ.①2… Ⅱ.①丹…②袁… Ⅲ.①未来学—通俗读
物 Ⅳ.①G303-49

中国版本图书馆CIP数据核字（2010）第016810号

责任编辑：刘金双 柯凌
责任印制：张新民
封面设计：柏拉图设计工作室
内文设计：舒雪钢

知识出版社出版发行
北京阜成门北大街17号 邮政编码：100037 电话：010-88390732
http://www.ecph.com.cn
深圳市贤俊龙彩印有限公司
新华书店经销
开本：880毫米×1230毫米 1/32 印张：7 字数：100千字
2010年3月第1版 2010年3月第1次印刷
ISBN 978-7-5015-5957-2
定价：28.00元

# 前言

按照玛雅日历，人类世界将会在2012年12月21日消失。

或者，也许不会。

当然，如果世界那天没有灭亡，也并不意味着我们就安全了，不会再毁灭了。据《圣经》的预言，耶稣基督可以在任何时候复活，摧毁反基督徒的军队，并重建他在耶路撒冷的王国，从而开创千年的和平。但是，如果这一切不会发生，马赫迪将永远有机会组建正义王国，同时复活的伊萨·阿妈西（耶稣），将与反基督徒达尔加斗争。然后，很可能，至少根据霍皮印第安人的说法，在西南的天空会突然出现大型核战争的标志——蓝色的星星，将毁灭白种人和其他古老的人种。

我们需要担心的不仅是来自宗教的末日预言，世界末日的预言开始走进世俗，甚至披上科学的外装。越来越多的气候学家、未来学家、科学家和环保主义者都打着世界末日的旗号来警示我们，告诉我们他们预测的惨景：全球变暖会最终使所有物种和生态系统毁于一旦；无限制的人口增长将导致社会动荡和政治混乱，造成整个文明世界的毁灭；再爆发一次大流行病后，即使没有死掉数十亿人口，至少也将夺取几百万人的性命，这将宣告人类的灭亡；热核战争会将地球变得只发光不适合居住，还有放射性的残渣；小行星、彗星、巨型流星雨、宇宙辐射爆发、大型火山喷发，以及你能想到的一切灾难，都将扼杀地球上的生命……这些将毁灭人类的灾难清单好像越来越长，越来越可怕。

如果这些只是小群体的人或环保极端分子的观念，可能不会构成大问题。然而，世界末日的观念正在成为主流，其影响范围不仅限于书市和伪科学文献电视片，还有有线电视频道和政府立法进程，打着保护人类不被轰炸、粉碎、辐射，或以其他方式被灭绝的幌子。甚至一些资深科学家也跳了进来，用计算机模型和最先进的计算机动画描述出各种世界末日情景，以此耸人听闻。

不管人们将世界末日称为耶稣再次降临、审判日，还是末日大决战，也不管在他们的预测里世界末日将以急迫的环境灾难、全球政治灾难，还是某种核毁灭的形式出现，末日预言在很大程度上被我们的社会所认同。在我们进入下一个千禧年的过程中，末日预言可能会得到更多的认同。依据明显的“放克”光原理，地球目前看起来似乎平安无事，但这种末日信念正日益流行，无任何减弱的迹象，使我认为末日预言很可能在将来的几十年仍然是我们恐惧文化的组成部分。

那么，这些末日观点来自何处？更重要的是，在这个破除迷信崇尚科学的年代，为什么这些观点会始终萦绕在我们的脑海？为什么世界末日的预言没有在责难中消失，实际上却在增加，并成为我们现代文化的一部分？是什么动力让它进入我们的电波、书市和头脑？更重要的是，我们头脑中老充斥着世界末日的想法，这种现象说明了什么呢？

很难彻底说清我们相信这种末日预言的理由，不过根据我50年的生活经历，我开始明白为什么无数人会接受这样的预言。我希望在本书中和大家一同探讨一下这些末日预言，也希望我们可以加深对人性的了解，更重要的是，我们也许可以保护自己，避免受到这种观点可能产生的伤害。悲观的预言可能会给我们的生活描上悲观的色彩，可能让所有的事情都笼罩着灰色的阴郁气氛。这本身就极大地吸引着我们探讨这些问题的一些细节，因为我们只有抛掉一些糟糕的观念，才能完成自我价值实现的梦想。

那些相信宗教领袖、超自然的作家、新世纪大师和政治环保主义者的世界末日理论的人，也不妨看看本书，也使得后面的辩论不失偏颇。为此，我们将研究人类过去相信的许多失败的预言，思考他们过去怎样影响文化，又怎样在当今社会从微观和宏观两方面影响人们的观点。最后，我们来了解一下那些活着和死去的声称世界末日会到来的先知，他们都声称会为他们的预测负责。只有采取批判的眼光来看他们，了解我们为什么相信他们的预言，才能知道他们对我们的影响力。

我希望读者能慢慢认识到，我是一个乐观主义者。我绝不相信未来如许多人所想的那样暗淡无光，也不认为希望和信念是愚蠢的梦想。我相信明天，虽然可能很天真，同时我希望本书在帮助于他人找回自信和安全上，尽到微薄之力。也许有隐忧，但还没有触及自身毁灭的边缘，相反，正迈步进入光明灿烂的明天。

如果这本书可以发挥小小的作用，证明这种可能性，我认为我的努力是值得的。

杰弗里·艾伦·丹尼雷克

2009年1月

# 目　录
## Contents

## 第一章

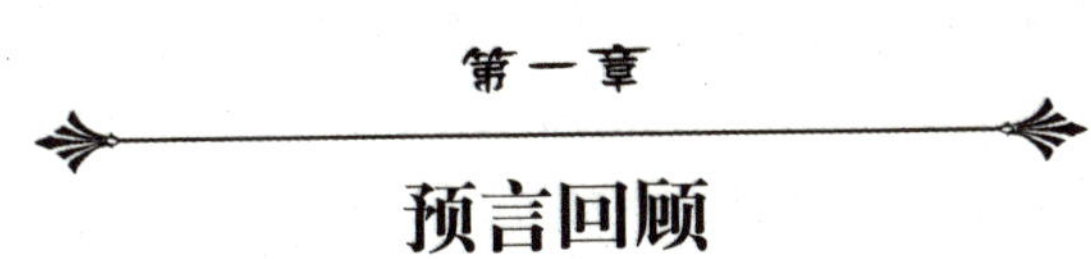

# 预言回顾

谈到2012年，多数人可能会想到世界末日，而10年前只有少数人会考虑这个问题，2012年的特殊意义完全不会引起我们的注意。然而今天，几乎所有的人都会在“谷歌”搜索栏目上输入“2012年世界末日”，这个搜索引擎的点击量已超过70万次。显然，2012年已经在公众的脑海中挥之不去了，很少什么事可以引起这么大的关注。2012年世界末日也不是件新鲜事。大部分人都认为，在近代历史上的其他年份也预示着不祥的事件。在20世纪最后的几个月，数百万人都因为所谓的千禧年预言对2000年感到恐惧。由于媒体的过度炒作，人们都害怕在以前设计的计算机程序中进行的操作会带来问题，比如在2000年1月1日，处理和日期相关的事情会导致操作错误，从而引发各种灾难。

1999年底，这种担心已经越来越严重了，很多人担心全球食品供应中断，于是他们开始储存物资；担心全世界停电，于是购买发电机。即使大公司也花费数十亿美元购买软件和IT支持，所有这些都是在为预言的大难做准备。

当所有的国家和地区都在庆祝新年到来时，灭亡的丧钟并没有敲响，所以很快大家就认识到，午夜钟声响起时全世界电脑会爆炸的想法是错误的。而之后的几个月内，并无重大的事件发生。公众开始认识到这件事完全是鼓吹和炒作，人们对整个事件一笑了之，继续他们的生活。他们会疑惑为什么会有这么多人，甚至一些公司，对“从日历上翻过去一页”这样无害的小事恐慌不已。

然而，这件事确实证实了人类有相信奇特事件的倾向，尤其在这些事件还是基于计算机技术的支持，披着科学外衣的时候。显然，这个星球又给了我们一个教训：我们无力预测未来。这个教训我们应该记住。然而，从目前公众对2012年的痴迷来看，我们又在做最坏的打算。这明显说明我们是多么的健忘，也说明我们有被最糟糕情景困扰的内在倾向。

但问题不仅仅是人们为什么如此迷信千禧年会带来灾难，或为什么认为2012年对地球有特殊的意义，为什么仅仅凭“先知”或幻想人们就对这些特定日子的预言深信不疑呢？更重要的是，是什么原因使得众人轻而易举地就相信了这样的预言是事实；更夸张的是，这种奇怪预言的依据往往只是一些没有根据的思辨，然而人们依然深信不疑。

在我们进一步研究这个问题之前，必须做一些铺垫。预测未来这件事是何时出现的——这也涉及到预言的定义，但据我观察人们通常对于该词的含义有不同的理解。因此，在我们深入研究末日问题之前，必须先准确地定义预言，弄清楚预言是如何发挥作用的。因为如果对于预言“游戏”的玩法没有充分的了解，我们就很难理解这种信念是如何在整个历史长河中发挥作用的，也很难弄清楚它们在当今世界正发挥着怎样的作用。

## 定义预言

“预言”一词来自希腊语，从字面上看意思是“预先的言语者(如一个在事件发生之前，谈论该事件的人）”。从传统意义上说，先知是上帝和众神与人类之间的中介，用来传递神谕。就这样，在各种文化、部落和宗教中就出现了先知这一重要角色。事实上，先知是向牧师发展的重要环节，而部落中如果没有牧师将不能领会众神的旨意，从而误入歧途。先知是第二重要的角色，可由男人或女人担当，地位只在领袖或部落首领一人之下。他们被赋予了可以领会上帝的想法、欲望及对人类的要求的神圣职责，拥有很大的权力，可以在很大程度上有效地控制他人，甚至主宰将来的政治和社会经济变革。在很多情况下，先知比国王更重要，能成为特殊的统治者，可以控制那些一心希望得到先知庇护的人们。

当时与现在完全不同，成为先知绝非易事，这点倒没什么奇怪的。举个例子，在《旧约》中，对真正先知的考验就是看他或她预言的一切是否都发生了。若是没有发生，此人便是伪先知，会被立刻处死。这无疑将大大减少自称为先知之人的数量，所以

“真正的”先知真是凤毛麟角。[1]

然而重要的是我们要认识到，先知的工作并不只是坐下来预测未来，接着就等着被人赞许其预言实现了；预测未来，只是预言的一种形式，占的比例很小。换句话说，预言并不等同于占卜，它指的是能够预知未来事件的一种能力，这一点却往往被末日支持者们所忽略。实际上，几个世纪以来有三类公认的不同的预言，我们将逐个探讨。

## 自省预言

第一类预言，可能也是最常见的预言，是自省预言，其目的是让人们从神的角度来看待当前发生的事件。例如在《旧约·何西阿书》第13章中有这样一段预言，大约写于2500年前：

> 自从你出埃及地以来，我就是耶和华你的神。在我以外，你不可认识别神，除我以外并没有救主。我曾在旷野干旱之地认识你。这些民照我所赐的食物得了饱足，既得饱足，心就高傲，忘记了我。[2]

换句话说，内省预言就是上帝的意见，通常旨在提醒人们上帝为他们所做过的事情。虽然这些预言有时是为了鼓励人民或加强他们的决心，但多数是对人类的控诉，通过大量的篇幅和鲜活

1 《旧约》涵盖的的历史将近1000年，但它提到的先知不到12个人。

2 本书中引用的所有《圣经》的内容都来自英王詹姆斯钦定版《圣经》译本，1611年第一次出版。

的细节描写，指出他们缺乏信仰或不记得他们所处的位置等等。这种神圣的法令一般是表达神的不满，同时会暗示将来可能的后果，但大部分情况下，他们只是说明人们如何发现自身处在混乱之中。

## 预测性预言

第二类预言是预测性预言，就是先知对未来发生事件的预测，不以人的意志为转移。从本质上来看，此类预言仿佛是上天注定的，这也是大多数人听到“预言”一词后会有的感觉。此类的例子虽然比较少见，但在《圣经》，尤其在《旧约》中有这样一段预言还是可以找到。例如在《旧约·以西结书》第38章中有这样一段预言：

> 耶和华的话临到我说，人子啊，你要面向玛各地的歌革，就是罗施、米设、土巴的王发预言攻击他，说主耶和华如此说：罗施、米设、土巴的王歌革啊，我与你为敌。我必用钩子钩住你的腮颊，调转你，将你和你的军兵、马匹、马兵带出来，都披挂整齐，成了大队，有大小盾牌，各拿刀剑……到末后之年，你必来到脱离刀剑从列国收回之地，到以色列常久荒凉的山上，但那从列国中招聚出来的必在其上安然居住……你必从本地、从北方的极处率领许多国的民来，都骑着马，乃一大队极多的军兵。歌革啊，你必上来攻击我的民以色列，如

密云遮盖地面。末后的日子，我必带你来攻击我的地，到我在外邦人眼前，在你身上显为圣的时候，好叫他们认识我。

这样的预言显然清楚地预测了将来要发生的事件，实际上歌革带领的部队入侵以色列，印证了其预测性。这也是大多数人讨论预言时都会想到的一个例子。对于这类预言，必须认识到几点，那就是他们通常性质不明，缺乏有用的细节。如上面的例子，先知没有明确说明歌革是谁（虽然他的听众可能已经明白了这个词在他们时代背景下的意思），也没有准确说明这支部队何时到来。预言只是表示，“在以后几年”，这可能意味着在未来的几年到几十年，甚至几百年。换言之，这种预言通常缺乏具有使用价值的准确细节。

当然，原因是显而易见的：处理未来事物的先知必须要非常小心，因为太精确的话，人们会通过行为来规避预言。换句话说，如果能准确地告诉古代希伯来“歌革”是谁，以及这种侵略何时发生，人类就将有时间招兵买马和抵御这种攻击，有可能改变其结果、规避预言。

今天，越发精确的预言越证明有问题。让我们看看16世纪法国著名的诺查丹玛斯写的一首神秘四行诗吧。诗中明确预言，在1941年年底，象征着“初升的太阳”的人将攻击“越海鹰君”，在他的“强大的舰队”抛锚时，会将其击沉，从而爆发一场大战争，这场战争“将毁灭整个世界”。预言如此精确，使得1941年的时候世界各国领导人都无法忽视这首四行诗（若日本人的计划已经彻底泄露，他们为什么还会偷袭珍珠港）。后面我们将详细讨论这一话题。为了小心确保预言的准确性，就必须要避免人类行为干扰整个预测。

模糊处理也使预言的危险性降低。否则，如果某位先知宣布某个具体的人将在某天成为国王，这将促使其前任跟踪该人，如果他或她成功地杀死了继任者，那么历史将会改变了。（当然，有人说在这种情况下，上帝会预见到这种事情，并干涉进去，这又是另外一个问题了。）

另外还有一点，往往很多人的预言都是在事后写的，这使预言实际上成了事后评估，而非预测。[3]换言之，他们有意对历史事件以这种方式记录，使它们听起来仿佛如事先由上帝预测的一般，故意将神的旨意注入重要的历史事件中。这并非欺诈，因为人类有一个共同的“嗜好”，就是想看到上帝在过去历史中的作用（有些人可能想重新解释20世纪30年代的大萧条，说成是上帝对20世纪20年代道德沦丧的惩罚）。最后，我们必须认识到的是，多数预言并非是关于灾难降临或世界末日方面的。它们只是预测某事件在未来的某个时间会发生，而不是在设定世界末日的确切日期。

## 允诺预言

第三类预言是允诺预言。允诺预言很少介绍事件的发生过程，更多的是说明事件在将来的情况。是好还是坏，这取决于人

3 这一直是《圣经》叙事的一个问题，因为某本书中，如《旧约》中，记录的确切日期往往是不确定的，经常会晚于那些保守学者预测的时间。

们的行为。例如在“摩西五经”（《旧约》最初的五部经典）《申命记》的第28章中有这样一段预言：

> 你若留意听从耶和华你的神的话，谨守遵行他的一切诫命，就是我今日所吩咐你的，他必使你超乎天下万民之上。你若听从耶和华你的神的话，这以下的福必追随你，降临到你身上……仇敌起来攻击你，耶和华必使他们在你面前被你杀败，他们从一条路来攻击你，必从七条路逃跑……你在耶和华向你的列祖起誓应许赐你的地上，他必使你身所生的、牲畜所下的、地所产的，都绰绰有余。

从本质上讲，允诺预言是上帝将对人类的具体行为或活动进行的奖励或惩罚的许诺。这样的承诺听起来像预测，但就字面的实际意思来看，它们不是占卜，而是牧师的意图。若某些行动或条件不满足，此类预言可能永远不会发生。换言之，这种预测的准确性取决于聆听者的行动，这使得此类的预言完全成为了条件性预言。

允诺预言和预测性预言在时间上有什么区别？允诺预言更直接，奖励和惩罚很快就会到来，不需要等到几年甚至几十年后才会发生。其原因很明显：几年甚至几十年都不会发生的预言，对于苟且生存的人们来说，是很遥远的事情，没有实际用途。他们认为，只有与日常生活关系紧密的神灵和他们的预言才有用。换言之，它就像预测太阳将在40亿年后成为新星一样，没有任何实际用途。同样，对于远古时代的聆听者来说，预测未来几百或几千年的事情没有任何意义。

## 世界末日预言

我说过有三种预言，但可以创造出第四种，我们可以把它理解为已有三种类型中某一个的分支。这一小部分预言专门采用让人无法否认的方式宣扬所谓的“末日”。在著名的《启示录》第16章中可以看到这样一份预测性宣言：

> 那三个鬼魔便叫众王聚集在一处，希伯来话叫作哈米吉多顿。

> 第七位天使把碗倒在空中，就有大声音从殿中的宝座上传出来，说：“成了！”又有闪电、声音、雷轰、大地震，自从地上有人以来，没有这样大、这样厉害的地震。那大城裂为三段，列国的城也都倒塌了。神也想起巴比伦大城来，要把那盛自己烈怒的酒杯递给他。各海岛都逃避了，众山也不见了。

这类预言最能引起末日主义者的兴趣，也给其信徒带来了大问题。因此我们将详细探讨这类特殊的预言。

不过，此前我们要先了解一下各种世界末日预言是以怎样不同的方式描述末日情景的，这样我们才能够更好地进一步探讨。另外，这些预言并非是由传统意义上的先知（即上帝的使者）预测的，而是来源于世俗，甚至是科学，这就将预言这一迷局弄得更为复杂。所以，光是世界末日或结束日预言就可以进一步细分为五种基本类型或流派，且各自拥有不同的信仰系统。

# 世界末日预言的“流派”

最常见和古老的类型是基于信仰的预测，可以追随到特定的神明或宗教实体的神明，或某种超自然的因素。这类末日预言的例子包括审判日和基督复活以及犹太人弥赛亚（或伊斯兰教的叫法马勒）的出现。这些说法，在世界各地的文化中均有涉及，21世纪之前，还一直是所有末日预言的理论基础。诚然，这种信仰将会陆续被各种无关信仰的预测所代替，但不妨碍它仍然有能力成为今日之末日论思潮的“领头羊”，而将来，它们可能还会继续保持这种趋势。

第二类末日预言是基于非传统的宗教信仰体系，它们在当今的影响力正在增强。这些预言多来自东方，涉及“新世纪”末日或末日情景。这种预言的来源并不是上帝，而是金字塔复杂的几何图形、水晶球、塔罗牌、占星术或其他宗教。他们仍然是有关信仰的预言，不过解释预言的基础则是存在于人类之外的超自然力量，以及人类可以或不能掌控的力量。

与传统的信仰型预言不同，基于非传统信仰的末日预言往往有具体日期（如2012年12月21日），但这一天往往平安无事，所以它们经常遇到大麻烦。然而，另一方面，从本质上说这类末日预言通常含有积极的意义。换言之，它们预测的世界末日并不是地球的毁灭和人类的消亡，而是类似乌托邦式的东西。可以预测，而无需恐惧。这些新黄金年代的来临往往与社会大动荡同时发生，所以灾难也是会有的。但是，如出一辙的是，它们通常会预示人类将走向更加积极的未来，而不是灭绝，这与大多数世界末日预言形成了极为鲜明的对比。

第三种是非常现代的世纪末日预言。此类预言很少涉及到信仰，尽管它仍然保有一些信仰成分，但是它们的理论基础更多地来自人们已知的自然现象。也就是说，它们来自科学，通常与灾难性事件相关，如彗星小行星碰撞地球、火山活动、流行病和气候变化，以及其他事件。

以真正的科学为靠山，使得这类预言尤为吓人，因为它们不仅仅是末日假说，而且是基于屡有发生过的重大灭绝事件作出的判断，也确实有记录表明这些时间给地球带来了巨大的损失。过去的灾难性事件，使此类预言所预示的事件具有了巨大的杀伤力（往往是毁灭性的），可怕的是它所预言的事件在许多情况下会不可避免地发生。更可怕的是，被预测的事件可能在没有预警的情况下发生，这样人们就只有很少的时间来避开此类事件。基于信仰型预言所预测的是未来几百年甚至几千年后发生的事件，而与之相反，这类科学型预言所预测的事件，会在短期内发生。

此外，这种末日预言十分灵活，就是说，他们往往随着情况的变化，或根据进一步获得的数据而发生改变。换言之，如果预测一颗巨大的小行星将在8个月后撞击地球，一旦获得更多的数据，或者可以更准确地计算小行星的轨迹，这个预测就会改变。因此这种末日预测不仅不受制于条件，还可以兀自改变。另外，这种预测常常依赖于计算机模型，而这种模型又通常建造在错误的或不完整的数据以及易变的虚构环境中，所以往往是不准确的。因此此类预言的稳定性极差，如果发出太多的假警报，当然也会伤及到科学自身的公信力。

基于科学的预言与基于信仰的末日预言有如下不同：第一，基于科学的预言通常会假定一些可以规避的事件（例如使用技术手段使小行星转向），尽管通常情况下，我们不能控制它（例如太阳变成新星）；第二，基于信仰的末日预言认为人类将继续存活，只是存在形式发生了极大的改变（例如末日以乌托邦世界或千年王国的形式出现），而基于科学的预言通常更加悲观，更具破坏性，一般会预测人类整体毁灭，甚至地球上的生物全部灭绝。

第四种预言介于这两个极端之间，我称之为伪科学预言。这些世纪末日预言是基于极度不确定性的理论，例如地球会被一个微型黑洞吞噬，或有外星人来地球解救或征服我们。我将它们单独列出的原因是它们本质上既不是宗教范畴，也不是科学范畴，也许是非常不确定的科学。然而，事实是这种末日预测却越来越流行，我想，很大程度上是因为其神秘性。比如关于外星人的预言就满足了现代人的敏感和恐惧的心态。

第五种，也是最后一种世界末日预言，我称之为社会性世界末日预言。这些预测一般不预测地球自身的重大物理危险，如彗星撞击或气候快速变化，而是预测社会动荡、革命和战争对人民造成的灾难。人口过剩、对道德标准沦丧的恐惧以及对日渐贫乏的自然资源的争抢，都是这些预言产生的基础。这种预言之所以会极大地引起人们的兴趣，是因为它们至少部分是基于前车之鉴，所以这种预言并不是完全不可信。

## 结论

如今的末日之说，已不仅仅局限于宗教，还涉及到社会的方方面面，如世俗和科学界，这让每种末日情景变得比历史上任何时期都更加可信。除了从上帝审判的角度预测外，还有核、环境、社会和宇宙破坏等因素，这样就不难理解为什么当今社会有这么多人对未来持悲观态度了。有这么多的东西能够摧毁我们，我们很可能会失败，至少许多人这么看。

但是，这并没有回答人们为何对此类预言深信不疑。暂且不论我们相信的是怎样的末日场景，到底是什么让我们长期相信“世界末日”的这种说法呢（我们如何选择的）？欲求其解，有必要先探寻一下人类深藏在世界末日信念中的心理问题。

第二章

# 我们相信预言的原因

1997年3月26日上午，圣地亚哥警方接到报警后来到兰乔圣菲高档社区的出租豪宅，调查一起死亡案件。到达现场时，眼前的景象不禁让人毛骨悚然：上下铺躺着39具正在腐烂的尸体，他们穿着相同的黑色衬衫、运动裤和崭新的黑白相间的耐克网球鞋。

警方起初感到很困惑。现场没有打斗或挣扎的痕迹，尸体上也没有任何疤痕或细微的创伤，实际上每个人都好像在睡梦中安静地死去。这39人，有男性，也有女性，年龄从26岁到72岁不等，可能是集体自杀。后来尸体解剖证实了这一想法，死者都摄入了苯巴比妥和伏特加混合物，并且还在头上套上塑料袋使自己窒息。更令人吃惊的是，他们并不是同时死亡，而是3天内进行了几轮自杀，这和常规案例很不同。其中第一组15人，第一天自杀，另一组15人在第二天自杀，最后的9人在第三天自杀，而且每组成员在自杀前，都会小心清理上一组的尸体，并按照顺序排好。

那么，这些人是谁，为什么自杀，更令人费解的是他们为什么要精心策划这样一场复杂自杀呢？

他们这样做，仅仅是因为——一颗彗星。

这个回答似乎过于简单，但事实确实如此。他们这样做是因为相信自杀才是唯一的出路，这样自己的灵魂才能够进入隐藏在波普彗星尾部的飞船，更便利地靠近太阳，从而灵魂在夜空中也清晰可见。

原来，所有的死者无论男女都是自称天堂之门的一小股邪教组织的成员，一名由音乐教师摇身一变的新时代大师——马歇尔·艾普尔怀特让这些人相信地球将无限循环，解脱的唯一机会是立刻搭乘隐藏在彗星尾部的飞船离开。艾普尔怀特邪教组织的成员信以为真，集体参与自杀，最终成了这一自杀仪式的牺牲品。[4]

如果这些人是文盲或者精神错乱者，那么这种行为倒还好理解，但是事实并非如此。艾普尔怀特的追随者没有一个是傻蛋。事实上，他们经常通过为客户建造专业网站赚钱，来为这个组织提供资金。这表明，其中的许多人不仅聪明而且技术过硬。但是为什么他们会相信一个人的一派胡言呢？而且显而易见，该男子精神失常。

我们也许永远也不会知道。然而据我所知，在过去几年里，

4　但是，根据现场获得的资料，39名受害者不认为他们的行为是自杀。他们相信，他们的身体是用来帮助他们旅行的船只，他们认为，终止其肉身的存在是让他们可以“过渡”到下一个更高层次的唯一手段。

他们可不是这些精神紊乱者们的唯一追随者。人们一次又一次地相信世界末日的死亡预言。当然，不是所有的人，但是许多人，最后和“天堂之门”的信徒一样选择了自杀。以下是一个极端的例子，1978年，在琼斯的命令下，包括琼斯和他的追随者，一共913人，包括男人、妇女和儿童在丛林中自杀或被杀。[5] 这种信仰还会在其他方面造成巨大的损失。例如，妄信这些末日预言，可能会造成经济损失；而一旦了解到所谓的“先知”纯粹是在妄想，追随者便会感到屈辱甚至患上抑郁症。对于他们来说，这种影响可能会持续好几年，进而读大学、结婚以及所有对未来的规划都推迟了，这很容易会让人变得偏执，还可能导致神经衰弱。同时，这还会驱使人们更易于相信那些思想不稳定之人的歪理邪说，如同上瘾般。

然而，为什么总有一部分人会相信这类邪说呢？一些书中已经探讨过这个问题，我们在这儿就不赘言了。让我们简单总结一些原因，努力弄清楚这些末日预言产生的原因以及预言编造者的动机，甚至为什么连他们自己都对此深信不疑。

5 人民圣殿教是一个邪教组织，他们相信世界末日即将来临。在这个邪教组织的领袖牧师吉姆·琼斯说服他的追随者饮用掺有氰化物的饮料避免即将到来的灾难的时候，美国当局正在调查该组织，准备指控首要分子违反他人的意志。然而913名追随者，包括男人、妇女和儿童，同时还有几家媒体成员和美国国会议员利奥赖安（指控调查组的领导，被圣殿枪手杀害）还是在这场意外中死亡。该案件也成为美国历史上最严重的集体自杀案例。

## 末日人格类型

我想，有几个原因促使着人们相信世界末日的预言。可能最常见也最容易理解的原因是由于生活的不确定性所致的不适感，以及关于这个星球或者其他一切的一种不可控制感。我们生活在一个不确定的时代，这个不确定的时代滋生了无限的恐惧感。许多人越来越觉得这个世界有太多东西可以杀死他们，奴役他们，剥削他们，他们感到未来没有希望，每天都有事件失去控制，这让他们很痛苦。

那么，世界末日之说不仅迎合了这种看法，同时又以一种近乎自我矛盾的方式，回过头来给人们以希望，说事情并不会一直处于混乱状态，一切的纷乱背后皆有安排（所有疯狂的背后都有目的）。对许多人来说，尤其是那些相信救世主的人，会有这样一种感觉：有人在掌控一切，可能是上帝，他最终会拯救他创造的生物，并在地球上建造人们一心向往的美好天堂。末日预言——至少是那些承诺灾难后会出现乌托邦的预言——最终会有个“幸福的结局”。对于大多数人来说，这也算是莫大的希望和慰藉。（即使他们必须忍受一段苦难期，然而如果天堂是最后的归宿，在许多人心目中这也是值得的）。不幸的是，只要追随者生生不息，此类信仰就仍旧具有高度传染性，进而吸引更多的追随者。

人们相信末日言论的另一个原因是因为这种信仰经常被描述得令人兴奋、异常美妙，可以将人们从单调的生活中拯救出来。实际上，这只是一种逃避现实的幻想，或一种承诺——如果你愿意相信——我们现在居住的世界是暂时乏味的，终有一天会发生一系列真正非凡的事件。（有什么可以比世界末日和基督复活更壮观呢？）若单纯为逃避平凡生活，厌世确实会成为很好的催化剂，让人去相信一些难以置信的东西。

另一类容易相信世界末日预言的人，大都认为地球是一个糟糕透顶的地方，并且认为地球毁灭时，会否极泰来。这些人极度厌世，只看到人生的负面，而这样一个彻底毁灭的预言正符合了他们的心理——那就是这个世界实际上是非常肮脏的。这也使得所有的恐惧，被迫接受的真相以及愤世嫉俗全部得以释然（这就平衡了他们的恐怖心理，害怕真相以及自己的玩世不恭）。实际上，在这个世界上，如果你告诉某些人，事情并不像他想的那么糟糕，他反而会很生气。好像乐观是不合理的，只有悲观才是符合人性的。令人庆幸的是，这些人通常对追随者是持抵制态度的，而不是吸收，这大大限制了他们对别人的影响。

最容易让人相信末日预言的，是一种自鸣得意的心理。一想到未来，他们就会感觉获得了“一些大宇宙的秘密”。仿佛自己是上帝的“选民”，拥有突破万难的聪明才智，因而获得了奖励，被赋予了特权，让他们能窥视到幕后的秘密。对于平平常常过日子的人来说，这样的信仰可以为单调的生活带来色彩，注入以前没有的意义和希望。

这种自鸣得意的膨胀，和认为自己永不会犯错的想法使得这些人对他人的劝阻无动于衷——不管那预言已经多少次被证明是错的，也不管反驳的证据多么确凿。末日论信徒经常认为在信仰与理性之间存在狂热的边界（往往交叉）。尤其是当他们的首领拥有卓越的领袖魅力和惊人的说服力时，他们就特别容易被操纵和妥协。正是团体领袖的巧言如簧以及团员们无知的天真和盲目的忠诚导致了天堂之门事件和琼斯镇惨案的发生。当对高尚的事物抱有信仰时，那意味着无限美好。但信仰又好似一柄双刃剑，在坏人手中就会成为杀人的凶器。

## 缺乏批判思维

问题还没有回答完：为什么这些智商极高的男男女女，其中许多人还有博士学位，会这么迅速地接受这种荒谬的思想，并如此执著呢？只要具备一点常识和理性的人就会很快认识到末日宣言的虚假性，按理说，追随者应该不过是社会极端分子而已。然而我们看到的是，美国的主流社会竟然也不乏这种信徒。怎么会是这样呢？

我想，原因可能是这样的：很多人缺乏批判性思维，恰恰这对于分辨真假至关重要。我知道这听起来并不愉快，但事实是很多人，我想说是大多数人，喜欢主观地、直接地接受观点，而不经过理性思辨。所以，对于许多人来说，末日预言完全合理。这都是因为末日预言的追随者从没有用一种适当的、富有逻辑的方式思量过他们的信仰，又或者他们对过去那些准确的预测印象深刻。人类往往总是“感觉”某些事情是真实的。这种情况在政治舞台上更是屡屡发生，特别是在选举期间。这是一种感知，其影响力经常超过事实。当人们判断“好”或“坏”的依据不再是事实，而是言辞和夸张，势必会失去准确判断真相的能力。

此外，对于所听到的或真或假的说法，大多数人通常并不会去追根溯源，真正去了解相关神灵的情况。多数情况是，很多人都缺乏历史或科学知识，无法判断具体预测是否合理，也无从了解特定假说的有效性条件是否满足。例如，有多少人曾花时间研究过去那些失败了的预言，从而形成某种观点？又有多少人能真正理解地球在存在期间被其他小行星杀手干掉的可能性有多大？对于《圣经》里的末日预言，有多少基督信徒曾深入去研究过历史上神学家所持的不同理论，并比较每种理论的优点？最后，又有多少人仔细研究过古代历史，拥有良好的历史知识基础，从而得出结论——某个预言已经在过去的历史中发生过？只有这样才能看清那些谬论、凭空推测和历史错误，并底气十足地判断末日言论根本是胡说八道。然而不幸的是，大多数人没有时间也从不尝试去做这些工作。

很多人缺乏扎实的历史、科学或理性的基础，所以难以形成自身的观点，这使得他们容易听信别人的意见。而且，如果他们相信说话者是某领域的专家或权威，就更会言听计从了。因此，如果一个环保主义者声称，世界将在20年内耗尽能源或电视传道者热情洋溢地打着横幅说，耶稣随时可以复活，许多人就会确信无疑。虽然他们也往往没有证据来支持其说法，但最起码不会产生抵触情绪。实际上，我们往往乐于接受别人的言论和解释，并把它们当成事实。这实际上是很危险的事情。

难道我们不应该相信那些可能比我们知道得的更多的人吗？科学家警告我们，地球在以惊人的速度变暖，毫无疑问他比大街上的一般人懂得多，难道我们不应该认真听听他们的说法吗？花了一辈子时间研究古籍的神学家显然比门外汉能够更好地解释那些著作，难道我们应该忽视他们？

显然，我们需要多听听专业科学家的说法，也应该尊从《圣经》学者的教诲，这些都不会给常人带来任何问题。自学成才的专家喜欢引人注目的预测；务实的科学家和神学家过于谨慎，不敢设置日期或写明末日的细节；只有怪人、痴迷者、狂徒以及莽汉才会提出最大胆和最荒谬的主张。矛盾的是，有时这些毫无道理的说法乍听起来还挺吸引人的，这实在令人费解。

最后，当他们的预测情景或预测的事件都没有实现时，我们必须寻求解释。显然，马歇尔·艾普尔怀特的天堂之门邪教的追随者只需要反推几步，从科学或理性的角度分析一下这名男子的说法，很快就会发觉其言论的荒谬，然后他们便会开始质疑甚至离开那个小组（因为在集体大自杀前几年，有少数人已经自杀了）。那么，他们为什么没有这样做呢？

因为不管是从智力水平、社会地位还是教育水平，他们统统都选择了“臣服”的姿势，臣服于艾普尔怀特的权威，放弃了自身的信仰，这也使他们特别容易接受那最荒谬的言论。他们的世界只存在黑白色调，没有灰色。他们的崇拜坚定不移，不考虑理性、科学或后续事件。邪教利用这种心态说服其信徒集体自杀，或使得大量成员把幻想当成真理。证据在这里不是最重要的，信仰才是最重要的。信仰成为比真理更有价值的商品，十分契合该集团的精神并被奉为不断追求的美德。在这里，信仰战胜了知识。这一邪念导致许多真挚正直的人最终也接受了这无比荒谬的假设，并饱尝苦果。

可恨的是，有人就非常享受这种操纵别人的感觉。马歇尔·艾普尔怀特、吉姆·琼斯、大卫·考雷什、查尔斯·曼森，还有几十个和他们一样的人（如希特勒）很清楚如何利用人的本性来操纵他们去做原本绝对不会去做的事情。如果一种言论看起来真诚、聪明和教条，人们就愿意相信，不管该言论是否荒谬，这点深深地震撼了我。此外，许多人本身就喜欢幻想，有点神经质，很自然，即便在客观的旁观者眼里，他们的领导者多么不正常，他们也认识不到这一点。他们无从判断这是一种精神疾病。这点在马歇尔·艾普尔怀特案件和牧师琼斯案件中表现得尤为明显。这种狂热的渴望和对信仰的需求，无疑是最致命的。

当然，这并不是说所有做出悲观预言的人都是邪恶的，或者他们都企图操纵别人。一些真正相信自己的说辞的人会碰巧具有吸引众人的领袖魅力。事实上，大多数自诩为先知的人都认为自己会为追随者带来光明。然而如果事实证明他们错了，他们也不会考虑其宣扬的主张造成了怎样的影响，或他们的预警会让人们有了怎样的反应。不过，也不能完全归咎于这些人。有时如果整个组织、团体、宗教派系，甚至国家都在胡说，那就说明问题大了，因为它很可能来源于当地的古老知识或传承了数千年的神圣之作。反驳一个人的观点很容易，但是对于一个群体长久以来根深蒂固的主张，却少有人不相信，比如教义。一旦这些主张已经融合进入了整个群体时，就更是这样了。在一些信仰体系中，不相信其中的某一条就等同于全盘否定整个信仰体系，会被逐出教会和遭遇冷暴力，在某些极端情况下，还可能会被作为异端分子而处死。在没有任何惩戒和刺激的条件下，人很难抛弃一种信仰；而要以一个人的家庭、生活甚至是生命为代价来抵制一个信仰就更难了。而这往往是一个人整个一生都守着错误信仰的主要原因。

下面这一点怎么强调也不过分——来自同龄人的压力是相信世界末日的主要因素，在宗教领域尤其如此。例如，在哈尔·林赛、蒂姆·拉海伊、杰克·范·因母佩或数十个末日传道者的宣讲后，耶稣复临的神话就很流行，但是许多原教旨主义基督徒不会相信，他们通常认为这是异端邪说。一些“先知”隐晦地暗示一些基督徒有“落后”倾向，因为他们没有预测到耶稣复临。给这些基督徒的小“颜色”并非出于对基督的不敬，而是因为他们缺乏末日信仰。

人类的共同特点，是想变得比原先的自己更强大，所以我们经常会加入一些由志同道合的人们组成的团体，来满足这一愿望。这种心态使我们有安全感，让我们感到自己是社会的重要而宝贵的组成部分，这就是有些人常常乐于相信所谓先知的说教的原因，尽管这些说教既不能被证实，也不能令人信服，甚至是荒谬的。此外，由于一些组织中常常包括自己亲密的朋友，有时甚至是家人，离开组织就等于失去了自己的根源和支持，因此必须抑制自己的批判性思维，以成为“集体”的一分子。顺从是这种信仰体系的一个不可或缺的组成部分，特别是他们想寻求变化时，尤其如此。

当然，这种服从群体思维的趋势不仅仅适用于世界末日邪教，也适用于许多宗教、政治和社会组织。这些预测社会动荡、环境灾害或技术灾难的人和那些宣扬最后审判日的人没有任何不同，他们的心态是一样的。如果没有这个人性特点，就很难有“真正的信徒”存在，不论是在宗教，还是在政治和社会中。如果人们用批判的角度对待他们的信仰，邪教甚至是许多有重大政治阴谋行动的团体，大部分都将在一夜之间消失，这样可能会加速人类步入真正的黄金时代。

第三章

# 过去失败的世界末日预言

它可能以后会结束，但我看不出它提前结束的原因。我不是要断言末日为哪天，而是要制止那些富于幻想的男士的狂热推测，从而使得那些神圣的预言无人信任，因为他们的预测经常失败。

——艾萨克·牛顿爵士

在1844年10月22日，整个新英格兰的大部分地区，数以万计的人，其中有些人还穿着发亮的白色长袍，屏息以待耶稣复活的那一刻。威廉·米勒，一位德高望重的纽约农民，同时还是一位自我成才的《圣经》学者。他的追随者们确信这次他们的领袖计算出的日子——1844年10月22日一定是正确的，尽管他之前已经算错了两次。事实上，他们之中的一些人深信耶稣会在那一刻返回地球，因此他们免除了债务，出售了所有的货物和财产，甚至还向慈善机构捐出了自己全部的储蓄，因为他们确信自己将不再需要这些储蓄。

数以千计的“米勒信徒们（他们给自己的称谓）”，耐心等待着耶稣复活。夕阳西斜，人群中流动的希冀越发浓烈。他们的主，毕竟已安放在陵墓中了，好比太阳已落山，它还会在同一时刻再次升起吗？

许多人坐在山顶上，在灿烂的星空下，他们依然坚信他们先知的预言是正确的。午夜，有人在抽泣，有人因恐惧而叫喊，希望即将破灭。其他人一家子围靠在一起，有些人在唱歌，在高呼，但大多数只是静静地坐着，自己默默祈祷，期盼他们能够看到主复活的第一个迹象。

但是，什么事情都没有发生。地球上一切都很平静，午夜的钟声已敲响，仍然没有任何事件发生，少数教徒开始丧失信心。最后，他们沮丧地下山了，失望铭刻在他们疲惫不堪的脸上。黎明之前，最后一批人也都返回家园，回到了他们的生活中去。他们对再一次的失望感到愤怒，这是对他们信仰的残酷考验，然而在许多情况下，会彻底摧毁他们的信仰。

但，不是所有的人都会失去信仰。有少数人依旧每天期待着耶稣的复活，几个星期，甚至几个月后才发现新计算的日子都是错误的。一个米勒的追随者甚至说耶稣已经返回天空中，坐在云端，为他们祈祷，但是后来这个说法也不了了之。不管他们怎么努力相信、祈祷、计算或期盼，耶稣似乎由于某个原因——很显然只有他自己知道，一直在推迟这众人所期盼的复活的时机。[6]少数几个人对他们的信仰依然毫不动摇，一如既往。最后他们成了基督复临安息日会的中坚分子，该教派是当今世界规模最大、成长最快的基督新教教派之一。

但是，大多数人还是永远离开了教会，他们或者重新皈依了以前的宗教派别，或者再也不踏进教会的大门了。对他们和他们丢脸的领导人（该领导人在5年后默默无闻地死去）来说，生活永远不可能回到从前了。这都是因为一个人对于已存权威的无视造成的——连耶稣自己都说："没有人能知道。"这为后来的追随者提供了深刻的教训。

## 日期设定者的崛起

到底发生了什么？怎么可能是威廉·米勒搞错了呢？他可是虔诚的农民出身的浸信会牧师啊！那是认真仔细地阅读《圣经》后才得出的日期，《圣经》是上帝说的话，一定是正确的。所以，他怎么会错了呢？

当然，1844年的"大失望（这是后人对该事件的称呼）"不是第一次失败的预言，也不是最后一个失败的预言。在研究2012预言热潮以及那些围绕着最近几十年展开的预言之前，先了解一下预言是什么以及我们相信预言的原因，可能有助于我们了解预

6 一些人设法解释这一点，他们声称耶稣实际上在米勒计算的日子已经出现了，但是他们看不见。这就是他们的说法。

测性预言在过去曾发挥了怎样的作用。显然，要深入阐述失败预言的全部历史需要很大的篇幅，甚至远远超过本书的内容。但是简要了解一些历史上非常著名却又未实现的末日预言，会让我们对于末日预言在几个世纪以来的融合、发展和进化有一个比较清晰的理解。

我刚刚已经介绍了美国最著名的失败预言——1844年的“大失望”。

单独介绍它，不是因为它承载了人们最深切的期望，或它正好发生在最近，而是因为它是最典型的。事实上，很多教会都会预设耶稣的回归日期，然而每一个日期却又带来同样的“大失望”。结果是，信教的人数锐减，然后开始缓慢回升，大家又在期待下一个“复活日期”的到来。这种“大失望”就这样周而复始。奇怪的是，从这些失败中人们没有学会任何教训，即使是精明的现代人，也怀抱着极大的诚意和信念，以一如既往的热情重复着相同的动作。这与150多年前威廉·米勒和他的追随者表现出的热情并无不同。这与吸毒不一样，一醒来发现在医院急诊室，然后宣誓重新开始，而第二天就吸过量后丧命。

对日期情有独钟，尤其是与“末日（通常俗称审判日）事件”相关的日期，自古以来几乎是所有信仰体系的一部分。为弄清数百年来它们如此流行的原因，让我们快速穿越时空，去探寻我们先祖们的预言是如何实现的。

世界末日预言，几乎在所有文化中都有涉及，然而在西方的信仰传统中尤为盛行。可能对大多数人来说，他们最早了解到的世界末日预言是诺亚方舟的故事。这个故事至少已有3000年的历史，甚至有可能更久。[7]不过，承载这一故事的《创世记》，却是洪水后很久以后才写的，因此使它不能称之为传统意义上的预测。但是，《创世记》告诉我们，上帝指示诺亚建造方舟是因为他将要用大洪水毁灭地球及其全部的居民，而诺亚已经预先得到了警告。从某种方式上说，《创世记》里的内容只是对预言的一种复述。遗憾的是，由于这是事后写的，所以我们无从判断上帝对大洪水的预报是否准确，可以这样认为，上帝没有预测洪水的发生，而是直接引发了洪水），不过这无关紧要。重要的是，我们认识到正是诺亚方舟的故事为所有的末日言论提供了发挥的舞台，并成为了评估许多末日预言的基础。

自那时起，犹太教和伊斯兰教中便有了末日的概念，有了“弥赛亚回归”和“马赫迪回归”的预言，这是犹太人和穆斯林各自期盼的事情。这两种回归在他们的信仰中发挥了重大的作用。

犹太人希望弥赛亚在公元1世纪就出现，在当时以色列这种期盼非常强烈，同时也成了公元66年至公元71年犹太人革命的催化剂。他们不想让可憎的罗马占领者在革命中得到上帝的庇护，并认为这会像两个世纪以前反对塞琉统治者的革命那样，会取得成功，自此犹太人走上灭绝的道路，整个民族都在为弥赛亚的复活而努力。[8] 也许，这是历史上第一个令人震撼的预言案例了：

---

7　今天大多数学者普遍认为，诺亚方舟的故事存在于苏美尔人中流传的《吉尔伽美什》史诗的闪米特人版本，至少有4200多年的历史，甚至更久。

8　在公元前167年，以马加比兄弟为首的犹太人成功地推翻塞琉西王朝，确保了以色列短暂的独立。在将近一个世纪后，即公元前63年，却又被罗马人吞并。

全国自杀，以求预言实现。

然而，却没有一个宗教比基督教更强调末日时间，他们期望耶稣到来，期盼世界末日的善恶大决战。历史上大多数的世界末日预言，至少到20世纪之前，全部跟基督教有关。其原因显而易见：基督教是唯一抱有这种信仰的——他们相信拿撒勒人耶稣终会复活并返回地球。“回归”是他们信仰的基石，如果耶稣没有回归，整个信仰体系就会坍塌。换言之，没有对耶稣回归的期盼，教会的发展便只不过是机械的历史累积而已。如同审判日，没有它，耶稣故事将暗淡无光。公元1世纪的基督徒就生活在这种周而复始的期盼中。他们相信在他们的有生之年耶稣会复活，来完成他死时未完成的事业。很明显，由门徒和使徒所著的《新约》中自始至终都贯穿着这个主题。

然而，在基督教发展的前几十年里，尽管耶稣仍旧固执地拒绝复活，但有些人还是没有放弃希望，直到他们的传承者们都一一退出了历史舞台。有趣的是，流传的多数世界末日预言并非来自正统的宗教组织（谈到“回归”的时候，教会更倾向于告诫），而是平民信徒或教会内的小派别（之前提到的米勒的信徒就是一个很好的例子）。而最近几个世纪以来，教会开始对末日情景重视有加，尤其是新教（浸信会和其他福音派内的原教旨主义教派）对此热情高涨。

## 耶稣回归的期望

公元1世纪，耶稣未能如期回归。而接下来围绕着“末日主题”又出现了一批别的热衷团体，其中出现最早、最有影响力的团体之一应该就是孟他努斯派教徒。教徒们大多为“舌头会说话的[9]”先知——孟他努斯的追随者，其中包括他的两个女信徒百基拉和马可西米拉。公元156年，孟他努斯宣称耶稣即将回归，并带领人民在弗里吉亚领土的皮布沙建立新的耶路撒冷。尽管耶稣最终没有回归，但该教派还是持续了好几个世纪，而且在他的追随者中还产生了几个著名的基督徒领袖。

四五世纪的时候，另一个比较著名的末日言论派——多纳图派（因迦太基主教多纳图·马格努斯得名）的信徒，鼓吹要建立公平的基督徒大教派，并预测世界将在380年内结束。然而不久他们便销声匿迹了，而后另一神学家的追随者塞克图斯·朱利叶·卡纳斯（160～240）取而代之。他声称世界将在《创世记》之后的6000年内消失。若根据他的假设推算——当时《创世记》已经过去了5531年，这个世界将在公元500年之前消失。

他的推理很有说服力，教父希波和爱任纽也很认同这个数字，甚至在卡纳斯死后很久，仍然拥有一批追随者。他们很幸运，在公元500年到来之前就去世了，因此也没有因为他们放肆的言论而受到公众的羞辱。然而，临终前，卡纳斯还是很聪明地重新推算了一下时间，将末日的日期改成了公元800年，这在日期还没证实错误之前，就改变是很少见的，这样他又有了300年的缓冲期。不管怎样，当那更晚的预测日期到来之时，罗马帝国已分崩离析，教会重新掌权，卡纳斯的预言早已被遗忘或忽略了。

9 舌头会说话的，即口才好，具有能够采用并不熟悉的语言连贯说话的能力。在宗教界，人们认为这种能力是上帝透过产生圣灵产生的，是神圣的语言，有时具有预测性。

7世纪的时候，末日预言家们更多地把精力投入到了现世的问题上，特别是从阿拉伯世界脱离出来的伊斯兰教会势力的增长。他们的信仰，部分来自犹太教，部分来自基督教，还有一些阿拉伯本土的信仰。伊斯兰教的影响范围迅速扩大，很快就波及了整个圣地领域，甚至影响到了小亚细亚、非洲，甚至欧洲等国家。尽管他们的教义中也有提到，世界末日将是摆在伊斯兰教面前的威胁，而耶稣回归和审判日仍是教义中的重要内容，但在接下来的几个时期，末日学说并不是那么受欢迎。

到第一个千年快要结束的时候，这个“威胁”变得越发紧迫，并且随着耶稣诞生1000周年的临近，末日之说再度流行起来。

关于末日学说到底给民众带来了多大的影响，历史学家之间仍存有不少争议。但毋庸置疑的是，末日学说的后续影响是极大的——甚至在离我们最近的千禧年的时候，人们仍普遍相信末日即将降临[10]。因为1000这个数字在《圣经》里具有重要的意义，因此人们很难忽略千禧年这一转折点。尤其是那些笃信《启示录》中千禧年学说的人们来说更是如此。

在安然度过了千年之交这一“危险期”后，大多数人似乎不再愿意相信末日预言，所以11世纪到15世纪期间这种预言相对较少。然而，仍然有一些人对末日预言深信不疑，其中最著名的

---

10　虽然20世纪早期的学者大部分否认这种观点：世纪的交替确实给欧洲带来了很大的影响。在1000年的时候，末日预言曾一度泛滥，这点我前面说过。很多人反对这种假说，因为它缺乏证据。但有些人指出，在过去的半个世纪，中古史学家已把这一交替期看做是社会、文化转型的重要时期，并且推测这段时期世界末日预言的影响力将远超过早期的历史学家。有证据暗示，世界末日之潮将从千年之交的时刻，一直持续到1033年——耶稣的死亡和复活1000年的忌日。此证据来自勃艮地和尚格拉贝（985～1047）的著作以及其他的编年史。

也许就是意大利神秘的约阿基姆（菲奥雷的）（约1135～1202）了。他声称，根据他的计算，世界的末日将发生在1200～1260年之间。然而，当人们平安地度过了1260年，他的追随者并没有停止前行，而是修订了他的神秘末日日期，将它们依次变成了1290年、1335年和1378年。（听起来是不是很熟悉？）

然而，此类事件在16世纪时得到了进一步的发展。一个世纪之内，众多神职人员、神秘主义者和占星学家至少提出了18个日期。这些预言造成了人们极大的恐慌。其中最引人注目的失败的预言是在1524年2月1日，一些英国占星学家预测当地将突发洪水，而当时有近20000名伦敦人离开了家园。然而没有任何历史记录可以告诉我们，当该日期到来而又未发生任何事件的时候，这些英国占星家是如何面对的。

16世纪，同样成了一些灾难来临的预兆。随着印刷机的出现，越来越多的神职人员和识字的公民接触到《启示录》，这使得末日预言迎来了高峰期，许多神学家、神秘主义者和占星家不厌其烦地试图通过解读种种迹象来判断末日最终何时到来。像现在一样，几乎每年都会有一些日子被一些人认定为末日，这些日期往往比其他事物更能引起人们的兴趣抑或给人们带来恐慌。最重要的一个日期是1666年，这个数字是千年（1000）和《启示录》中的野兽标志（666）的组合。这一年不是世界末日，但1666年伦敦发生了一场大火，烧死数百人，8万个家庭中7万个分崩离析，这使得1666年名副其实地成为了伦敦人的末日。然而，世界上其他国家，在那年却没发生任何特别的事情。很快，1666年就被扔进了历史的垃圾堆。

也许有些预言者仅限于神秘主义者和狂热的宗教信徒，然而需要指出的是，苏格兰科学家和数学家约翰·内皮尔也曾根据他对《启示录》的研究，断定世界末日会出现在1688年。即使是大名鼎鼎的艾萨克·牛顿也曾经受到过英国学者约瑟夫·米德很大的影响。约瑟夫·米德认为1660年将有东西彻底地将地球包围。

然而，多数情况下，大部分的末日之说均由牧师颁布，如副主祭威廉·阿斯平沃尔，第五王国派的领袖。第五王朝运动致力于在地球上实现神权政治，并声称最晚会在1673年实现。威廉·阿斯平沃尔和圣公会大学校长约翰·梅森选择了1694年作为世界末日。就连臭名昭著的魔女猎人科顿·马瑟也参与了这次行动，最后他们选择了1697年、1716年和1737年作为人们期盼已久的耶稣回归年。幸运的是，最终这些人失败的预测并没有给这个社会造成什么明显的损害。也许是他们的宣传还过于本体化。

## 19世纪和20世纪的预言

截至到现在，大多数末日预言都还受限于地域，相对而言只有一小部分的追随者。但随着在本章开头提到的米勒派运动的出现，19世纪的时候，一切都发生了改变。也许有些人还不熟悉他——威廉·米勒（1782～1849），纽约农民出身，浸信会牧师，他一生都在研究《圣经》，对《旧约》，特别是18世纪30年代但以理的那个版本和书中的各种让人云里雾里的数字研究颇深。他最终得出了一个结论，耶稣会在1844年10月22日[11]复活。

11　米勒两次被迫“重新确定”日期，最后他确定的日子是1844年10月22日。然而这两次更改竟然都没有使得他的追随者怀疑他的主张。

他经过一系列相当复杂的计算得出了这一确切的日期。直至1840年，他已经吸引了50000多名新英格兰的追随者（有人估计高达50万人）。当那一天如期而至，耶稣却并没有回归。失望是必然的。米勒后半生隐居于世，显然，他被那强烈的失望感彻底击败了。然而，他却一刻也没有放弃他的信仰：耶稣回归的时刻即将到来。

尽管米勒错了，但是在一段时间内，他的学说似乎对其他教会产生了相当大的影响。其教诲所具有的影响力有多大可能难以衡量，但是一定不可小觑。举个例子，他的观点就很可能影响了同时代的约瑟夫·史密斯。他是耶稣基督后期圣徒教会（又名摩门教）创立人。1835年他说，一个从天而降的声音告诉他说，“如果他活到85岁（即1890年12月），他就会看到人子[12]的面容”。但是，史密斯最终未能见证这个预言，因为1844年他就死于伊利诺伊州迦太基的监狱枪战中了。

不过，米勒的教诲似乎对美国的宗教组织没有产生太大的影响，除了耶和华见证会——该组织是米勒派和公理会之教友查尔斯·泰兹·罗塞（1852～1916）于1874年创立的。自成立以来，他们在末日预言上所犯下的罪过，没有任何组织可以比拟。因为他们的预言完全出于私利。自1874年开始，罗塞曾提出过好几个耶稣回归日期，但最著名的日期是1914年10月1日。该日期正好吻合了第一次世界大战开战的时间（罗塞是狂热的反战者，他和他的追随者认为这是世界末日的善恶大决战）。耶稣没有按时回归，不过罗塞从米勒的一些追随者那里获得了一个线索，这个线索暗指上帝已经回归，只是人们“看不见”而已。当然，他并没

12 人子，耶稣的自称。

有直白地表述米勒的意思。不管怎样，预言的失败丝毫没有削减教会的活力。1916年罗塞死后，耶和华见证会在随后几十年内仍旧保持了强劲的增长势头。

预测的进程并未因为1914年的“失误”而停下脚步（显然，他们没有意识到如之前所说，耶稣已经以“看不见”的形式回归了）。罗塞是充满活力的继任者，他和耶和华见证会领袖约瑟夫、“法官”卢瑟福，仍旧把另外的一些日子设定成了救世主的回归日。1918年、1920年、1925年和1941年都曾被提名，然而每年都平安度过了（除了1941年，发生了第二次世界大战）。但是，这些“失误”似乎对耶和华见证会没有造成什么巨大的影响，它在其后几十年仍然不断壮大。

耶和华见证会依旧热衷于“日期”预言，并认为1975年是耶稣的最终回归日。在这次回归中，人们将可以见到耶稣的真面目（这个万无一失的日期是基于创造亚当的日期公元前4026年，1975年是这个奇迹的6000周年纪念）。耶和华见证会鼓励耶和华见证会的成员们卖掉他们的房子，辞去工作，并放弃将来的所有计划，进行祈祷和面对面的福音传授，直到末日的到来。然而，1976年的黎明如期到来，很多信徒终于开始反省，并选择离开耶和华见证会。这一次挫败，使教会大伤元气，花了几十年才得以恢复原来的规模。自此，该组织对日期的预测变得非常谨慎。然而，直至今日，末日概念仍旧深深地影响着他们。

另一位自封为是《圣经》学者的人——普世教会的阿姆斯特朗·赫伯特也亲眼见证了当他的末日预言落败后，教徒数目骤降的场景。1972年阿姆斯特朗在接受《大西洋月刊》采访时，曾预测世界末日将始于当年的1月。正如1975年耶和华见证会所经历的一样，这一预测的失败同样给他的许多成员带来了极大的困扰。因为他们早已将自己大多数的资产都捐献给了教会，认为身外之物再也无用。他们满心欢喜地期待着前往佩特拉（阿姆斯特朗对天堂的委婉称谓）。也许，预言总是不能如期实现，也是教会的成员开始急剧减少的原因之一。

但是，喜欢预测日期的不光只有基督教而已，一些新组织、不计其数的大师们、各行从业人员都参与到了这场末日辩论之中。然而就关注度来说，没有任何一个人或团体能胜过普世全胜教会的创始人和精神领袖——伊丽莎白·克莱尔先知（又名大师马）。伊丽莎白·克莱尔告诉人们，1990年4月23日会爆发核战争，并让她的众多追随者在蒙大拿州的地下防空洞里储存足够的粮食和枪支，以防不测。这类准备工作对美国联邦政府来说是很大的麻烦，因此政府迅速控制了她的军火库，并以武器罪名判处了她的一小撮追随者，这些人中还包括她的丈夫。奇怪的是，核战争没有爆发，然而他们的行动却并没有停止。她的追随者继续在蒙大拿州潜伏了一段时间。

末日预测的参与者可不仅只有宗教团体，应该说，科学界也参与了进来，就从皮亚兹·史密斯（1819～1900）的著作开始。他曾经是苏格兰皇家天文学家，1860年，他写了一本名叫《我们在大金字塔中的遗产》的书。书中提出：所有的秘密隐藏在埃及大金字塔的几何图形中。史密斯说，有关金字塔绝妙尺寸（他用英寸度量），早在以色列时代就已经有了，它是上帝的馈赠。千年后，金字塔的建筑师只是借助了上帝之手而已。为了支持这一论点，在仔细手工测量金字塔后，史密斯指出地基周长的英寸数相当于一年中天数的1000倍，并发现了金字塔的高度数字（用英寸度量）与地球到太阳的距离（用法定英里度量）的关系。他还提出了以下理论：大金字塔是预言的容器，通过仔细测量该结构，可以揭示预言。

不管怎么样，他最终得出的结论是：世界末日将始于1882年。后来他不得已将末日日期推迟到了1883年元旦的黎明。预言失败后，他毫不气馁，又重新计算，把日子改成了1892年。当那一年依旧平安无事后，他又改到了1911年。但是，一切照旧。虽然他所有的猜测都被证明是错误的，但是他对大金字塔做的详尽工作在一段时间内确实颇有影响力，甚至启发了查尔斯·泰兹·罗塞的末日猜想。

自皮亚兹·史密斯开始预测末日日期后，科学的影响越来越大。来自环境学家和核战争过敏者五花八门的警示预言也在增加，说世界已经大难临头了。从气象学家艾伯特门在1919年预测，将有6颗行星共同作用产生磁场电流，这将会导致太阳爆炸，到美国航天局工程师埃德加·韦斯兰特（1932～2001）出版了一本书《毁灭将发生在1988年的88个理由》（这本书在短短几个月内卖出了400万本）。

然而，这些均未引起多大的波澜，直到1974年畅销书《木星的影响》出现。该书作者是两位专业的天体物理学家——约翰·格里宾和斯蒂芬·普拉格曼。这本书预测，1982年“九大行星”呈现罕见的直线排列，这将形成一股强劲的聚合力。该引力将对地球板块施以巨大压力，造成致命的地震和全球气候的惊人变化。这本书本来只是对天体物理学的预测，但最后却被末日狂热分子误解和滥用。然而1982年没有发生任何事件，这也给两人的事业带来了巨大的损害。

这本书确实对人们的末日争论产生了影响，因为支撑本书的观点是事实本身而不是人们心目中的众神。但这种观点也为众多“死亡空间”的情景提供了依据，“死亡空间”的影响一直持续到现在。随后我们会更详细地研究一些现实生活中的危险，从偏离轨道的小行星到彗星爆炸。所以可以说，并非所有的末日场景都是宗教想象力的产物，只要给予足够多的时间和足够多假设的可能，任何有科学基础的人都同样能够做出世界末日的预言。

## 结论

整个预言史给人的印象并不是特别深刻。纵观所有的预言，其中成功的预言所占据的比例恐怕还不到1%。(然而即使是这1%的成功预言，也要让全天下都知道。)

当然，有些人会说，虽然古时候错多对少，但也可能少数人做出了正确的预测，只是目前还没有实现而已。还有人认为，即使我们可以证实过去的末日预言都失败了，但是仍不能证明所有的预测都是胡说。这就好像是说，即便每个人的彩票都没有中奖，但不能说任何人都不可能选出正确的中奖号码——当一种错误被证明时，仍伴有成功的可能性。

有两个“先知”——诺查丹玛斯和谦和的埃德加·凯西（来自肯塔基州霍普金斯维尔），他们被全世界数百万人普遍奉为当今名副其实的预言家，尽管他们的预言还没有实现。有关这两个人我们之后会仔细探讨，看看他们真的是有预言天分的人，还是只是承载了我们共同期望的载体而已。

第四章

# 诺查丹玛斯：圣雷米的先知

在诺查丹玛斯的有生之年里，除法国以外他鲜为人知。没想到的是，当他死后，也就是距今大约450年前，他竟然喜获了预言家的称号。直至今天，还有人把他当成一个标杆，用以衡量其他预言家。要完整介绍他和他的预言势必会占用很大的篇幅，而且会偏离主题，所以在此我们仅仅简单探讨一下这个人以及他一生中写的数百首预言四行诗。一是为了简短起见，再者，我将主要介绍的是他的末日预言，而这些末日预言只占他的众多预言中的一小部分。所以，舍弃他的那些与我们讨论无关的作品也是自然。只是，恐有很多人对此人并不了解，那让我浓缩一下他的传记，按顺序简单探讨一下他的一些著名的预言四行诗。

米歇尔·德·诺斯特拉达穆斯，1503年出生在法国南部圣雷米德省普罗旺斯，他更为人熟知的名字就是诺查丹玛斯。据说他有一个不同寻常的童年。他的父母是犹太人，皈依天主教（显然是为了避免受到当地教会的迫害）。诺查丹玛斯生长在一个融合了天主和犹太文化（伴随着一种神秘的迹象）的家庭中，因此这个年轻人与他同时代的许多人有着不同的世界观。

15岁时，年轻的诺查丹玛斯进入阿维尼翁大学学习文学，但是鼠疫爆发时，学校关闭，他被迫离开阿维尼翁。根据诺查丹玛斯自己的说法，他在全国旅游了8年，研究草药，直到1529年他进入蒙彼利埃大学学习医药学。但是，当学校发现他曾经是药剂师的时候，他被立即开除了，因为在中世纪药剂师和贸易被大学法令所禁止。之后他继续从事药剂师的工作，这期间还自学了占星术。诺查丹玛斯对于所谓的"黑暗艺术"非常了解，最终成为了法国最著名的占星学家。他一直以自己是占星学家而感到骄傲，直到1566年去世。

如果只作为占星学家，就不会有那么多人知道他。（实际上，在法国之外，很少有人知道他，这种状态一直到20世纪。）那么，是什么原因使他声名远扬的？因为，他不但是占星学家，还是作家，他将他的预言汇集成了《米歇尔·德·诺斯特拉达姆的预言》（通常简称为《诸世纪》）。此书于1555年出版了第一版，到现在还在加印。恐怕世间也只有《圣经》可与之匹敌了。[13]

诺查丹玛斯以四行诗的形式书写他的预言，这是一种四行韵律诗或诗节，在当时欧洲文学界很常见，风格让人想起五行打油诗。总之，诺查丹玛斯写了5年，共收获了942首四行诗。然后他

13　他还写过当时颇为流行的年鉴（其中有更详细的预测）和预言或诗歌（更普遍的预测）。在他所有的著作中，最负盛名的还是《诸世纪》。

将它们整理成了《诸世纪》，书中分9个世纪（组），每个世纪100首（有一组只有42首）诗。此书用古法语（古法语是现代法语的前身）、拉丁语、希腊语和意大利语书写完成，很难将其翻译成英文。书中有许多颇为神秘的隐喻和变位词，提到了一些日期或特定的地理位置参考，这使得其中含义显得更加神秘莫测。而且，这些诗集都没有按照时间顺序排列，从而进一步增加了为诺查丹玛斯的大量四行诗建立时间表的难度。[14]

此外，诺查丹玛斯所写的作品并非全部是原创的，据证实，他在编写的过程中大量抄袭了古典史学家的作品，大量借鉴了中世纪编年史，比如从维尔阿杜安和夫华萨那里。实际上，他的许多预言作品就等同于集中转述古代先知们的各种预言。（其中大部分是基于《圣经》。）这也解释了为什么他的一些预测中会提到很多古代人物，如罗马将军苏拉和尼禄皇帝。他的预言的一个主要来源显然是1522年的《米若比利斯·利韦尔》，该书集合了伪迪乌斯、约阿希姆菲奥雷、萨沃纳罗拉等人的大量预言。乍看之下，他更像是一个剽窃者，而非预言家。但是需要指出的是，现代的剽窃观念并不适用于16世纪，因为当时允许频繁复制和转述他人的作品，而无需致谢，尤其是古典著作。

尽管如此，诺查丹玛斯的作品仍对当代流行文化具有很大的吸引力。比如，他的一些预言就吸收了所谓的《圣经》密码以及其他的现世比较流行的预言作品。

那么，他的预言到底有多准？尽管很多人认为诺查丹玛斯

---

14 诺查丹玛斯创作四行诗的过程很有趣。据大多数人的说法，他会凝视一碗水，直到他能够在旋转波纹中看出某种端倪，然后把它写下来。毫无疑问，他也有可能只是充分借助了占星术图表，在“阅读水”之前的准备过程中，已利用占星术图表做好了功课。

对未来的预言相当准确（从他的角度），但真的这么准吗？这还有待探讨。第一个问题，他的很多四行诗中提到的年代交代得不清楚。大多数情况下，貌似是在含蓄地影射当时的政治和历史事件，又或者谈论遥远的过去，或者是久远的将来。对于所有的重要历史时期，大多是采用这种模糊的方式描述的。比如，《二世纪》中第24首四行诗：

饥饿凶猛的野兽将游过河：
大部分地区将反对希斯特，
伟人将被关闭入一个铁笼，
什么也没进入德国小孩眼中。

“希斯特”和“德国小孩”被大多数诺查丹玛斯的粉丝解释为阿道夫·希特勒，因为希特勒（Hitler）和希斯特（Hister）只有一个字母之差。无疑，在诺查丹玛斯看来，这是个有关未来的预言。然而，却没有任何证据可以支撑这一预言。就说希斯特吧，它其实不是指一个人，而是一个地方，希斯特是多瑙河流域的古名。[15]此外，“伟人将被关闭入一个铁笼，什么也没进入德国小孩眼中”也没有告诉我们任何确切的意思。我们很难想象这是在暗指希特勒或第二次世界大战。整个四行诗过于模糊，毫无用途。

15　但是，支持者指出，希特勒确实在多瑙河畔长大，因此这个预言就有双重意义。可笑的是，希特勒本人认为，预言里提到的人确实是在指他。不过他认为这预言预示了胜利，还把它当作宣传工具。

## 国王之死

然而，诺查丹玛斯之所以被冠以天才预言家的称号，是因为他的一些预言确实实现了。是不是真的那么准？诺查丹玛斯迷们提到了一首四行诗，说它绝对准确。在《一世纪》中的第35首四行诗中，这位先知写道：

在场上的单人对决中，
年轻的狮子打败了老狮子：
他刺瞎了他在金笼子中的眼；
两个伤口合成一个，他死相悲惨。

诗中所指之人，通常被认为是法国国王亨利二世，他在1559年的决斗中受伤身亡。正如四行诗中所说，国王去世时，他的对手用长矛刺穿了国王的头饰（“金笼子”），头饰成为碎片，并刺入了国王的右眼。11天后他在巨大的痛苦中去世，这显然表明诺查丹玛斯确实能够偶尔“得分”——在预言的领域。

但是，并非所有人都相信他的预言。四行诗中没有提及谁是“老的狮子”，也没有提到长矛比赛。诗中只是说“在场上的单人对决”，我们可以说那是一个“长矛场”，但却很难说那是一个决斗场。国王并没有为统治权之争而挑起与“年轻的狮子”之间的战争。实际上，这只是场长矛友谊比赛，是他女儿为期三天的婚礼庆祝活动的一部分。受伤的一方“戴着金质帽子”也不清楚是什么意思，因为长矛头盔绝不会用金子制成（尽管这也可能是个隐喻，指他的君王身份）。不管怎样，众人皆知的是，亨利二世为爱参与了如此危险的活动，虽然他的辅佐反复提醒他不要参加长矛比赛。需要注意的是，国王亨利在位时，诺查丹玛斯已过而立之年。了解了这点后，我们就可以知道他那模糊的预言只不过是基于熟识事物的一种猜测而已。这就像，对于喜欢将机壳套在飞机上的试飞员来说，我们可以预测他们总有一天会在一次试飞中结束生命。这类预测与诺查丹玛斯对国王之死的预测没有什么不同。话说回来，即使这事儿没发生，也不过是少了一个成功案例，而丝毫没有影响到他在预言上的“辉煌成就”。

## 路易·巴斯德

这种“含糊不清”丝毫没有妨碍到诺查丹玛斯的粉丝们的热情，他们很快拿出了另一首四行诗来证明他的预言能力。这是《一世纪》中第25首四行诗：

> 失落了好几个世纪的东西被发现，
> 庆祝巴斯德成为上帝级别的人物。
> 月球完成她的伟大周期的时刻，
> 但其他传言将让他受辱。

据说诗中的“巴斯德”指的是路易·巴斯德（1822～1895）。他是法国最知名的化学家和微生物学家，他在研究和预防疾病方面取得的突出成就以及其细菌学说推动了现代医学的革命。如果真是如此，此预言必会成为预言界的“登峰造极”之作了。尤其连人名的完全吻合——诺查丹玛斯的四行诗之后仅两个多世纪，就确确实实地出现了这么一个人。

但是，事情并没有这么简单。这四行诗最大的问题是，在原来的法语中，“巴斯德”可以指“牧师”（宗教领袖），或者是“牧羊人”（这一点，再次说明了从一种语言——古法语翻译成现代英语所产生的问题）。虽然四行诗中确实有巴斯德这个词，但是不过是机缘巧合罢了（法语的巴斯德，并不能作为一种姓氏），而不是预言真的“中了”。

至于诗中“失去的东西”，在“隐藏了许多世纪”后被发现，一些诺查丹玛斯的支持者说这是指细菌。这也只是一种说法，可以被读者理解为各种各样的任何意思。另外，之所以是“失去的东西”，就说明那不是新事物，而是以前就知道的，失去后又重新被发现。这样，我们似乎就可以排除细菌的说法。因为在19世纪以前，大家还不知道细菌的存在。最后，值得讨论的是，作为一位科学家，巴斯德是否曾经被赞颂到可与“上帝”平起平坐？实际上，直到去世，他也只是被尊称为伟大的科学家而已，今天也是如此。另外，诗中提到“月球完成她的‘伟大周期’”，这个周期通常被理解为指农历（约二十八天），但是这个数字与巴斯德有何干系？显然，这首四行诗中的种种问题远远超出了预期（预言本身的意义）。

## 9月11日的四行诗

引起人们关注的不仅是那些指代过去的四行诗，还有一些暗示当代事件或将来事件（从我们的角度来看）的四行诗。最常被提及的一首四行诗——作为暗示当代事件类预言的代表——很多人认为，它暗指了2001年9月11日纽约华盛顿的恐怖分子袭击事件。这就是《一世纪》中的第87首四行诗：

> 来自地心的翻天覆地的火灾，
> 新的城市周围将发生地震。
> 两个大石头长时间地战斗，
> 艾里苏萨将染红新的河流。

这里的关键是“新的城市”，许多人认为就是指纽约市。这只是一个很大的假设，因为新的城市可能是地球上的任何城市（可能是意大利的那不勒斯，因为这是古代所指的“新城市”）。此外，还很难将世界贸易中心的双塔倒塌看成是发生了“翻天覆地的火灾”，除非这是一种比喻。而“两块大石头长时间地战斗”被人解释为目前还在持续的西方与伊斯兰武装分子之间的斗争，这点最让人不安。事实上，也许是另外一种情况：四行诗指的是重大的地质事件，而不是一些恐怖袭击；而新城市也许就是那不勒斯，该城市临近维苏威火山，很有可能发生地震，这点在诺查丹玛斯的时代是人人皆知的事实。[16]因此，他的预言和预测旧金山与洛杉矶大地震没什么大的不同。预言没有暗示具体的日期，这是一种胜算较大的赌注。

诺查丹玛斯的支持者又说了，提出暗示“9·11”事件的四行诗不止这一首，还有将近1000首四行诗暗示了世贸中心的倒塌。例如《六世纪》中的第97首四行诗这样写道：

---

16　事实上，诺查丹玛斯发表预言后，那不勒斯发生了两次地震，一次在1693年，一次在1980年。本诗所提到的“两个大石头”能否比喻为断层线分开的地层？

纬度45度的天空将燃烧，
伟大的新城将被大火烧倒：
瞬间一个大火团上下跳跃，
人们将要求诺曼人给出证明。

但是，同样的，这种“预言”仍然指代不明。当然，如果“伟大的新城”指的是纽约市，诺查丹玛斯搞错了300英里（它大约在北纬40度，而不是45度），同时很难将诺曼人的角色整合进该事件。

最让人哭笑不得的是，关于2001年的恐怖袭击，竟有那么多诺查丹玛斯的四行诗被曲解或捏造，并编纂成书，这就是《9·11预言》。从2001年以来，一个“颇具盛名的经典”一直流传至今：

来自上帝之城的一个巨雷，
两个兄弟将四分五裂。
堡垒忍受着，伟大的领导人将就范。
大城市燃烧时第三次大战将开始。

令人印象深刻的是，诗中提到“大城市燃烧时第三次大战将开始”，这说明该四行诗是个彻彻底底的谎言。然而，这仍不妨碍许多网站将它作为可靠的预言，并出版成册。可见，制造和传播假预言是多么容易啊。这不得不使人们怀疑诺查丹玛斯所谓的超群的预言天赋是否真实，或许这一切只不过是在大肆渲染末日预言的氛围，徒增了大量的垃圾而已。

## 诺查丹玛斯的真实末日四行诗

是否如支持者们所相信的那样，诺查丹玛斯对第三次世界大战或世界末日做出了预测呢？实际上，在任何著作中诺查丹玛斯都没有设定世界末日的日期。比较靠谱的，应该算是他写给朋友的一封信，其中他列出了对随后几千年的预测，一直预测到了3797年。这并不是说世界末日将在那一刻降临，而只是单纯表明诺查丹玛斯的预测一直延续到了很远的未来。但是换个角度来说，如果就如诺查丹玛斯所说，他的预测已经排到了遥远的未来，那么也就意味着迄今为止的所有预言都是错误的。因为如果他们没有错，关于3797年的预言就不会存在了。

然而，有几首四行诗似乎非常接近于末日的确切日期。最有名的要数《十世纪》中的第72首四行诗了。诗中这样写道：

当1999年7月结束时
天堂的伟大统治者渴望安抚，
再次煽动蒙古—伦巴底国王，
战争将爆发在曾经停止的地方。[17]

诺查丹玛斯特别提到了1999年7月，有趣的是我们在那一年很难找到重大的历史事件。1999年，遭受战争蹂躏的城市萨拉热窝举行了一个世界领导人峰会，该会议试图缔结一个巴尔干地区的

17　对1999年7月的另一种翻译如下：恐怖大王将从天而降：带回伟大蒙古国王的生命，在火星之前和之后依靠好运统治。这说明不同的翻译也会相互矛盾。

和平协议。这可能与预言的内容有关——这仅仅是猜想而已。而“天堂的伟大统治者”和“蒙古-伦巴底国王”却不知道指的是什么人。在1999年之前，这首四行诗颇为流行，引起了很多人的关注。但是最后还是和诺查丹玛斯的其他大多数预言一样破灭了。

他的支持者还提出，一些四行诗中提到了三个敌基督者：拿破仑、希特勒，第三个尚未发现；从传统上说，敌基督者的出现（第三次，或许将要实现）定与世界末日有关，所以这预言实际上是杜撰的。最有名的是《二世纪》中的第62首四行诗。其中这样写道：

“马伯斯”随后将很快死亡，
随之而来的，人与野兽将溃败：
然后突然有人会看到复仇，
彗星运行时将会出现一百双手、干渴、饥饿。

在这里，我们根本就不清楚“马伯斯”（mabus）是谁，甚至它是否是一个人名也不能确定。但是，这并不能阻止诺查丹玛斯的支持者发挥其丰富的想象力，有人说可能是指将来某个神秘的敌基督者，其他人则说这是暗指萨达姆·侯赛因（Saddam Hussein）（在mabus中如果你用字母d代替b，用u代替a,再增加一个d，就变成了Saddam）。还有人将George W.Bush（布什）和Osamabin Laden（本·拉登）的姓名创造性地组合起来，竟得到OsaMABUSh！显然，最模糊的文字，给了人们足够的想象空间去发掘隐藏的意思，诺查丹玛斯的预言中提到的事物，可以是人们期望的任何人、政治局势或历史性事件，甚至可以是毫不相干的好运饼。

## 结论

我们暂且不谈诺查丹玛斯业余骗子级的笨拙伎俩和其热心支持者们的牵强附会，非要将预言中模糊的例子与实际的历史事件搭接起来。我们需要了解的是这个人是否真的具备预言能力。我的看法是，他仅能算作是个有诚意的人，也或许不乏善意，但如果真的相信了自己有预言技巧，便是自欺欺人了（曾经有过数百万自欺欺人的人）。虽然这纯粹是个人意见，但却不乏佐证。他的四行诗根本不能作为预言的经典，最多不过是对时代事件的政治评论，一种暗示而已。为了保护自己免受他人伤害，才采用了模糊和隐喻处理，避免四处树敌。尤其是，他想继续享受已有的、手握特权的奢华生活，又不想人头落地，那么这样做是绝对必要的。

很明显，诺查丹玛斯的预言能一直流传下来，主要得益于他的热情的支持者们的不懈努力。没有他们，他的著作很可能早已被人遗忘。这既是一份幸运，也是一种诅咒。感谢他们努力保留了这些文字，让我们了解16世纪的法国——一个对于现代人来说，如此遥不可及又引人入胜的国度——让我们做了一次“诺查丹玛斯”，真真切切地来到了他的年代。之所以说这是一个诅咒，是因为他给这个世界带来了太多的末日谬论，其争论一直延续至今。如果还需补充些什么，那就是我们应该感谢这个人的著作，它像一部时空穿梭机，带领我们了解了那个遥远年代的阴谋和心境。

## 第五章

# 埃德加·凯西：沉睡的先知

当然，诺查丹玛斯不是唯一对末日事件做出大胆预测的人。不只法国有预测末日预言的人，美国也有自己的现代诺查丹玛斯，尽管与16世纪的法国预言家相比，他是完全不同的人。不过，像诺查丹玛斯一样，这个人也因为他的预言在当代非常有名。和同时代的其他预言家相比，许多人认为他的预言有相当不错的成功记录。那么，这个天才是谁呢？

他的名字叫埃德加·凯西，也被称为“沉睡的先知”。

对于那些不熟悉这个人的读者来说，我需要对此人做个简单介绍。如果要选举现代历史上最成功的预言家，埃德加·凯西命中注定不会是候选人。事实上，他的生活起初很平凡普通。1877年他出生在肯塔基州霍普金斯维尔附近的一个小农场，是一个智力中等的男孩。由于需要在小型家庭农场里工作，他被迫早早退学，八年级（相当于初二）都没有上完。虽然在19世纪的农场这很常见，但是这意味着小埃德加将要在世界上独立前进，前途渺茫。不乐观地估计，他年轻时也无力脱贫。

但是年轻的凯西与众不同，虽然还是个小孩，却展现出了不寻常的能力。至少根据后来的传记，他有能力跟精神实体（即天使）和死者（其中包括他已故祖父的幽灵）的对话。最令人吃惊的是，传说他有一种能力：只要将书本枕在头下睡觉，就能够将书中的全部内容记下。这种能力是否被证明，尚未得知，因为与凯西年轻时生活有关的事情大多是传闻，但是很明显，这个简单谦逊的人有一个有趣的童年，这对他以后的生活有很大帮助。

由于受到的教育比较少，年轻的凯西不得不从事他能找到的任何工作来养活自己。他曾和父亲一起做过保险生意，随后在干货店和书店都工作过一段时间。1900年，他做保险代理人时，发生了一件很不幸的事情——他得了严重的喉炎，很难再继续卖保险了，而且他拒绝接受传统的治疗。他的情况越来越糟，如果不治疗，最终将不得不放弃保险业务，这让他非常沮丧，很担心以后的生计。还好，他最终又找到了一份工作——在霍普金斯维尔的一间摄影工作室当学徒。[18]当时他不理解自己的病情，认为这是对他的诅咒，但最后证明，这件事彻底地改变了他的生活。

一天晚上，城里来了一个催眠师，听说了青年凯西的困境，提出可以尝试用催眠术治疗他的喉炎。那时催眠术（或安眠术）是一个新生事物，因此凯西有点踌躇：是否要接受这个男人的建议，尤其还是在众人面前？但是当时他已对自己的病情感到绝望，索性死马当活马医，便同意了催眠师的提议。幸运的是，凯

18　他的摄影师技能也成为他一生中的第二个就业能力。

西被证明是一个特别适合催眠的对象，很快就进入了深度催眠状态，在这种状态下，他可以用数月前正常的嗓音说话。但是，当催眠师将他放下，使他走出深度催眠状态时，他又不能正常说话了。这种现象重复出现。

很明显，凯西的这种状况无法实施长期的治疗，催眠师最终放弃了，不情愿地离开了他，让这位年轻人仍无法摆脱原来的困境。幸运的是，当地一位名叫林·爱尔的催眠师曾亲眼目睹了这件事，并表示愿意提供帮助。照理来说，如果凯西在催眠状态下会说话，也许他可以说出到底哪里出了问题，林·爱尔轻轻地把凯西放下，听他描述他的病因是声带血液供应受限。莱恩建议凯西尽量自己将血液调到感染区域。当凯西这么做时，胸口开始涨红，跟着脸也红了起来。据说凯西醒来后，他的声音已恢复正常，起码故事是这样讲的。

凯西在想：如果在睡眠中自己能诊断自己的病情，那么自己是否也能诊断别人的病情呢？不久他开始为别人诊断，通常是免费的，而且一直能够为病人提供非常准确的疾病诊断。这种新的能力，凯西认定是上帝给他的礼物。后来凯西成为现代最成功的“诊断先知”，为成千上万的病人，成功地诊断疾病并开出正确治疗处方。在1945年去世之前，他做出的诊断不少于14000次，这使他成为史上最多产的预言家——即使不是最准确的预言家。

并非无人批评凯西。虽然他确实表现出非凡的能力：在睡眠状态下可以成功地诊断疾病（有些人声称成功率惊人，高达90%），但他偶尔也会弄错，批评他的人经常提到这一点。也有人说，他的许多诊断模糊不清，比猜测好不到哪里去（一种常见的反对意见是说这违反现代心理学）。然而，需要考虑的一种有效的反驳意见是：“猜测”这一说法不能解释在许多情况下，他都是正确的。考虑到凯西没有接受过正式的医疗训练（虽然他最终能够在医学上颇有研究），他误诊的次数应该更多。但事实上，他的成功率大大超过人们认为单凭运气获得的。这样只能解释为他擅长猜谜。

## 凯西的预言能力

凯西的出名不仅仅因为他成功地诊断和治疗疾病，还由于他能预测未来，尤其是预测短期内的事件，据说还非常准确。事实上，随着时间的流逝，他的名声变得更加响亮。这更多地得益于他的预言和关于亚特兰蒂斯和灵魂转世的传播（他睡觉时表现出的两种优秀才能）——这甚至超过了他的看家本领医学诊断所能带给他的。

他是个优秀的预言家吗？答案褒贬不一。当然，他确实有一些不可思议的“得分”，如准确预测1929年的股市崩溃和第二次世界大战，但他也有许多“错误”，这我们稍后再说，先看成功的例子。

可能他最早和最准确的一次预言是在1925年，48岁的凯西在睡眠状态下对一位继承了一大笔钱，正疑惑该如何投资的年轻的医生说，让他非常小心谨慎地打理他的财富，因为“负面压力将在1929年到来”。还有一件事情：1929年3月，他对一个纽约的股票经纪人给出了类似的警告——“金融界大动荡”即将发生。6个月后股市崩盘，成千上万的投资者损失惨重，并且引起了20世纪30年代大萧条期，正如凯西预测。

他对第二次世界大战的预测也同样令人印象深刻。1935年在睡眠状态下，凯西警告说，国际社会会有灾难性事件，同时描述了世界大战。他甚至设法找出了轴心国的关键成员，当时他宣称：

一切将从一些团体、国家或政府组织摆明立场开始，一直以来都是这样的。比如说，奥地利和德国先表态了，然后日本也加入了他们。正如以前，他们都是曾经的纳粹（雅利安）的敌对势力一样。随着他们之间的凝结力在无形中不断地增长，他们的对立势力也将水涨船高。这预示着一些事情将注定要发生。而除非有超自然力量的介入，否则一场人民中的浩劫——由军团组织和联盟的延伸势力引发的——将在所难免，这是历史的规律。……[19]

当然，因为凯西做预言的时间和二战非常接近，所以始终有人对他持怀疑态度，认为他可能只是特别擅长“了解时代”，才让他的预测水平这么高超。例如，20世纪20年代公众就广泛讨论了金融市场低迷的前景，因为股市过热达到难以承受的水平，崩溃几乎是不可避免的。[20]因此，凯西可能只是不自觉地重申一些那个时代显而易见的观点（猜测他可能是通过它的勤奋阅读收集的），因此预言实现了，这不过和一个人的猜想那样普通。

---

19 选自以下链接：http://www.edgarcayce.org/historychannel/cayce7prophecies.asp，埃德加·凯西A.R.E.(探索和领悟协会)的页面(2009年6月11日登陆)。

20 凯西不是唯一预见华尔街必然崩溃的人，还有金融家约瑟夫·肯尼迪，他是驻英国大使和美国前总统约翰·肯尼迪的父亲。他也预测到了经济危机，因此在股灾前几个星期卖出了他绝大部分的股票，保全了自己大部分的财产，避免了他同时代人所遭受的经济损失。

他对第二次世界大战的预测可能也是通过同样的方式做出的。当然，令人印象深刻的是他的预言提前了10年，当时预测第二次世界大战紧随着1914～1918年的第一次世界大战而来，听起来似乎很遥远。然而，到了1935年，尤其是1933年德国纳粹势力上台后，战争的乌云再次笼罩欧洲。这样看来，他的预言倒并非是超自然的，更像是对时代敏锐的观察。他提到日本将成为德国的盟国，这简直是对小几率事件的挑战，要知道1941年以前两国从未有过友好关系。而且纵观1935年的局势，发生亚洲战争的概率远远低于发生欧洲战争的可能性。

凯西的正确预测不仅限于股市崩盘和第二次世界大战，他还预见了全球共产主义局面的重大转折和俄罗斯的重生（事件发生在1989～1991年）。更有趣的是，他预见了俄罗斯即将进行一场大的宗教运动，虽然目前尚未有迹象。据称，1926年他甚至预测现代气候的变化，及我们今天熟知的拉尼娜和厄尔尼诺现象。在谈到未来的小麦作物和天气模式问题时，凯西将深海洋流的温度变化与天气模式联系起来，他说："地球不同部位的热冷辐射停止了，并对地球大气造成了影响，因此气流或洋流将发生变化。"[21]这是预言，是一个幸运的猜测，还是源于他大量的关于地球科学和气候学的阅读呢？很难知道准确答案，但确实很有趣。

21　选自以下链接：http://www.edgarcayce.org/historychannel/cayce7prophecies.asp（2009年6月11日登陆）。

## 凯西对地球变化的预言

人们对凯西是否真的预测到了1929年经济危机以及第二次世界大战的开始和结束还存有争议，但是他的末日预言无疑是他最失败的预言（原因可能是凯西有个坏习惯：他比起大多数的预言家，更喜欢设定时间）。

凯西的末日预言，一般可分为两大类：科学的和宗教的，前者与地球的巨大变化有关，后者与基于《圣经》的预言有关，如耶稣重临和世界末日善恶大决战（凯西预言这两件事都是在1999年发生）。我们稍后再看他基于《圣经》的预言，现在先看看他关于地质变化和地震危害的预测有多准确。凯西关于地球变化的很多预言是：在1958年到1998年之间，地球将产生一系列急剧的变化，会引起“陆地下沉30英尺和极地冰盖的融化，导致许多沿海地区洪水泛滥”，“包括英国和日本以及欧洲南部，洪水很快会在这些地方发生”。他还预言，在2000年地球的磁极将反转，洛杉矶、纽约和旧金山会受到破坏，同时还会出现新生的陆地；1968年北美洲的东海岸将消失。当然，所有这些都被证明是错误的。

不过，他最热心的支持者仍然坚持认为至少其中一些“错误”不完全是错误。例如，他的预言声称，地球的两极在2000年将开始转变是有可能实现的，尽管进展缓慢。在2003年的公共广播系列节目《新星“磁暴”》[22]中，科学家认为，当磁极倒转时（每25万年发生一次），用于阻挡各种宇宙辐射的磁屏蔽将被弱化。Nova节目中还提到，实际上，这一变化已经开始于南大西洋了，在那儿，南北极在来回摆动，能阻挡太阳辐射的磁屏蔽已被削弱。很显然，人们第一次注意到就是在千年之交，这与凯西预测的转换时间相差无几。而且事实上，可能需要几百年的时间，其作用才会变得明显，才会对人类产生危害。因为目前人类尚感觉不到，所以忽视该预言，至少凯西的支持者看来是如此。

另一个预言，可能成功，也可能失败。那是他1936年的预测——亚特兰蒂斯失去的大陆的山头将出现在巴哈马群岛附近的比米尼岛，时间大概是1968或1969年。果然，1969年潜水员在岛外的浅水水域发现了一块异常的水下形成的石灰岩巨石，呈巨大的J形，约半英里长。大岩石最初被吹捧为迷失的大陆，原因是它有怪异的对称形状（这暗示结构是人为的，大约1.2万年前，巴哈马的浅海海底在海平面以上），科学家后来判断这是天然形成的结构，距今大约有4000年的历史。虽然争论至今仍在继续（某些石头呈近乎完美的正方形，并仔细交错堆叠），可能永远不可能确定比米尼群岛水域所谓的“大陆”是否仅仅是一堆岩石，或者能再一次证明，作为一个预言家，凯西的精明远超过一些人认为的水平。

22　由大卫·信东撰写、出版。过程的说明和全文见以下链接：http://www.pbs.org/wgbh/nova/magnetic/about.htmlabout.html（2009年6月11日登陆）。

## 凯西的基于《圣经》的世界末日预言

凯西预测了一些地球变化（通常是非常可怕的），虽然尚未实现，有些还在争论中，但是他基于《圣经》的末日预言令人非常失望（或因为没按照预测出现而让人意外）。也许他认为上面所预测的灾难是末日的征兆，因此不明智地表示：世界末日善恶决战和耶稣回归将在1999年出现。尽管这是在半个世纪前作出的预测，现在听起来仍然有当代的感觉。

我们该如何看待凯西的这些错误呢？这些错误能证明他有幻想倾向的人格，还是表明他在聪明地捏造事实？不过，后者的可能性很小。完全没有证据表明凯西是个骗子，而且事实表明：他替人诊断很少收费，虽然他可以利用他的能力一次次赚钱，但是他的生活相对贫困。许多批评者说他有幻想倾向的人格，这似乎也有问题。对那些了解他的人来说，凯西十分踏实、务实和精明，甚至他时常对自己的言论持怀疑态度。按照现代的标准，他可能有点古怪，但是他的著作却证明他没有任何妄想症。

那么还有什么遗漏吗？如果他不是疯子或者骗子，怎么会对世界末日有错误的预言，但对地球变化的预言又经常一语中的？这可能是因为凯西内心深处的宗教信仰阻碍了他。其实很多人听说过凯西，但是不知道他是谁，尽管他的说教是非正统的，甚至是新时代的理念，但是在他的内心深处，他仍然一辈子都是虔诚的基督教徒（据说凯西成年后，每年都将《圣经》完整读一遍，甚至在星期天带《圣经》到学校上课）。其实，在他一生中，睡眠状态对他的诱导与正统教信仰之间的矛盾经常使他很惊讶，尤其是他对转世的信仰和与传统教会教导之间的冲突。然而，尽管存在一些矛盾，凯西仍然一辈子都是基督教徒，始终努力将他的信仰融合到他的预言中。

他对耶稣回归预言失败难道是因为他本身的信仰吗？还是不知天高地厚的他根本没认识到自己不过是《圣经》预言的初学者，才导致了失败呢？我们要考虑这种可能性：凯西受到那个时代基督教的末日信仰的影响巨大，导致他的判断力失常，因此凯西无意中试图利用他的预言天分，糅合自己的预言让其符合根深蒂固的宗教信仰，来肯定他先入为主的意见。当然，他不会成为第一个被自己的信仰体系蒙蔽的人，也不会是最后一个。

虽然不是很肯定，不过事实确实显示：凯西的预言越遵循正统基督教，准确性就越差。那么，凯西是否有可能既拥有宗教赋予的想象力，又有一个真正的预言家的天分，这两者有时会发生混乱，才导致他做出了一些荒谬的末日预言呢？这种二元分裂可能导致他既有出色的成功预测清单，同时又不乏具有突出“错误”的预言。这就是他，时而是“沉睡的先知”，时而又是损誉参半的先知。

## 结论

埃德加·凯西是一个有着非凡能力的人，这点不能否认。但是，我们也不能忽视，他的预测与实际经常差之千里，这使我们回到原来的怀疑：凯西是否真的有预言的天分？

不幸的是，与大多数先知一样，“得分”就是指预言在历史上已经实现。这比“错误”更容易让人鼓吹，因为错误往往被遗忘，解释或直接反驳，凯西也不例外。但是，这就是预言游戏的规则，而且从一开始就是，这就很难确定是否确实发生某种现象或者某人仅仅是异常机敏的观察员。直到今天，凯西仍然是一个谜，并继续吸引着众多的预言学徒。当然，且不论他在睡眠时对各种疾病的诊断有多成功，对现代西方信仰、轮回之说和亚特兰蒂斯之谜的影响力有多深远，至少在未来若干年中这种影响可能继续保持，直到下一个“沉睡的先知”代替凯西的位置。

第六章

# 2012恐慌

我们在简单地研究了预言界的两个“巨星”，并回顾了他们过去的失败预言后，现在可以来仔细检测一下现代的预言了。我们只有先认识到末日日期设定上的模糊性和在预言这个问题中究竟掺杂了多少主观因素，才会在张开双臂拥抱末日预言时，更加小心。毕竟，小心驶得万年船。

近代，没有哪一年像2012年一样受到末日支持者如此的青睐，这在第一章也稍稍提起过。为什么这个年份会成为末日支持者的避雷针呢？而且它还姗姗来迟，到最近才被大家耳闻。虽然，它是最近才掉入到预言这个大染缸中，但是受到的欢迎却是它的“前辈”不能相比的，而且正以惊人的速度赢得认可，拥有大批的拥护者。它从哪里来的，为什么有这么多人把这个年份看得如此意义重大？这都是玛雅惹的祸。

## 玛雅文化与它们的神秘日历

一切好像都源自这样一个信念：根据玛雅教义，世界将会在2012年12月21日（或者23日，这取决于你的民族）结束，这是基于玛雅日历5125年的五次轮回大周期结束而推算出来的。对于这个突如其来的日子，有人解释说，玛雅人认为世界将在2012年的冬至结束，或者更准确地说，要经历一场大变迁。这会是一场什么样的变迁呢，需要靠你自己猜测了。当然，很多人认为这是凶兆。这样2012年就理所当然地成为了全人类最为担心的年份。

事实上，关于玛雅的长数历（或长纪年历）在哪天结束的问题，很多考古学家在几十年前就已经知道了。只是直到芝加哥大学一位名叫何塞·阿圭列斯的艺术史和美学教授将它写入书中，这一日期才引起人们的兴趣。在他的著作《玛雅效应：超技术之路》（1987年第一版）中，何塞·阿圭列斯写道，古代玛雅——有着前哥伦比亚的美洲本土文化，并在美洲中部繁荣了将近2000年——通过精确的天文计算得出地球（或专业地说是地球的“第五个太阳纪”）将会在2012年的冬至12月21号结束，然后，第六个轮回又一个5125年就开始了。

目前，何塞·阿圭列斯和其他人认为，这一天到来时，当今世界的一切邪恶，像战争、物质主义、暴力、不公正以及政府的滥用职权等等，统统伴随着“砰”的一声而结束，第五个和第六个太阳纪交接之际，会带来世界和平这一新世纪的曙光。何塞·阿圭列斯对此深信不疑，事实上，他在1987年就发动了所谓的“和谐集会”活动，来自世界各地的人们（称为“光明的传播者”）聚集在地球上的各个圣地，迎接和平新时代，并对玛雅的长数历在2012年结束前的最后25年，正式地倒计时。

虽然这本书引起了新时代组织的广泛兴趣，但这次“和谐集会”更是引起了媒体的极大关注，也摆平了全部争议，最终让2012成为官方的“历史结束日”，并融入到了大众文化中。结果，玛雅人的预言迅速流行，那些十年前还对玛雅毫无关注的地方，如今书架上已有几十册关于玛雅人和他们古怪日历的书了。

毫无疑问，玛雅人和他们古怪的历法是当今预言中最受关注的，而且这种状态可能会持续到2012年圣诞节。

那么，2012这个日期为什么让人们这么兴奋呢？要回答这个问题，让我们先花上几分钟时间了解一下玛雅人和他们的历法，来看看他们到底在说什么。毕竟，这是一个马上就要来临的末日预言，就算是为我们自己的安全着想，我们也要搞清楚。

## 玛雅人是谁？

大部分人都听说过玛雅人，可能会对他们的历法很着迷，即使只知道他们住在中美洲。那么他们到底是什么人呢？

玛雅人是一群当地的原住居民，公元前1800年～公元900年，他们聚集在我们今天所说的墨西哥南部[23]，危地马拉和萨尔瓦多。玛雅文化在美洲的中部繁荣了2000多年，他们的“黄金

---

23　让我觉得颇具讽刺意味的是，玛雅文明的繁荣地在尤卡坦半岛，这也正是6亿5千万年前，K–T小行星撞击地球的地方，就是这次撞击导致了大部分生物的灭绝，包括恐龙。这不只是巧合吧？但愿不是。

期”在250~900年，那时他们是世界上人口最集中、文化最有活力的群体。玛雅人声名远扬，不仅是因为他们拥有古哥伦比亚唯一发达的文字，还由于他们雄伟的艺术、精美的建筑以及复杂的数学和天文体系，这使他们从很多方面可以和同时期欧洲的任何一个社会相媲美。他们甚至建造了灌溉系统，拥有发达的建筑技巧，其建筑物的坚固性和复杂性丝毫不亚于古罗马，即使以我们今天的标准来看也是相当现代的。但是，大约在公元900年，他们突然抛弃自己宏伟的城邦，消失了。究竟是什么原因，考古学家仍有争议。虽然他们并没有完全消失（至今墨西哥的一些地方仍然使用玛雅语），但是到公元1200年末在好战的阿兹特克人到来时，他们已经不见踪影，只留下了依然壮观的标他们存在过的废墟。

让人印象最深刻的是这些人对数学和天文学高超的领悟能力。最著名的是玛雅人发明的一系列历法，包括阳历、阴历和地球的周期，其准确度和精确度惊人。这些历法像一台谐波校准器，以一种完美优雅的方式将地球、太阳、月亮和银河的周期结合起来。事实上，他们的计算异常准确，足以让我们现代人被他们的技术所折服，也正是这些历法宣告了今天的末日预言，是众多预测的源泉。

这些历法虽然相当复杂，但还是可以描述的。基本上，玛雅人平行使用三种不同的历法：长数历、卓尔金历（又称神历）和太阳历（又称民历）。我不打算详细介绍每个历法是怎样运算的，但要提出的是他们使用的日期循环方式与我们现在的公历大不一样。比如，卓尔金历包含两个不同长度的周，长的30天，短的20天，而太阳历由18个月组成，每个月20天。另外还有额外的5天被称为“歪也勃”（无名日），这样一年就有365天。最长的那个周期是“长数历”，其中360天的一年（顿）由18个月（乌纳尔）组成，20个屯组成一个卡顿，20个卡顿组成一个白克顿，13个白克顿是一个大周期，包括1，872，000或5125年。糊涂了吧？我也是。

问题是这样的，根据玛雅人的历法，一共有五个大周期。仔细研究过这个历法的学者都基本同意，有些甚至可以确定，最后的一个大周期开始于公元前3114年，到公元2012年12月21日（在长数历中是13.0.0.0.0）结束，从而完成了玛雅人长达26，000年的五大周期的日历。更有意思的是，那一天格林威治时间的晚上11点左右，冬至的太阳将非常接近银河赤道（银河系的赤道）和太阳黄道的交接点。这种现象每26000年才出现一次，这就很难不引人注意了。

何塞·阿圭列斯暗示我们，玛雅人认为这一周期的结束也是时间结束日，或者至少标志着地球的一部分会发生巨变的开始，这种变化会是物理上和精神上的。但是没有证据证明玛雅人就是这个意思。虽然毫无疑问地可以理解为，玛雅人认为这是一个意义重大的事件，但并不意味着他们认为这是大灾难发生的时间。当然这对他们来说有精神上的意义，但决不能说玛雅人认为这样的转变本身具有预示性。

客观地讲，何塞·阿圭列斯并没有描述世界末日的景象，只是解释说这种周期的转变是一个人们觉悟更高的时刻，它会迎来一个世界和平的时期。像1987年的“和谐集会”，它不会让人们在思想领悟上一夜之间发生巨大的转变，而只是标志着人类精神境界开始快速提高。这使后来的读者把2012年理解成一个传统意义上的世界末日，因此弄巧成拙，让这个本来有着积极意义的2012年，有了现在大家所理解的黑暗和恐怖的意义。

不幸的是，人们好像都有将这个日期用预示灾难的语言来解释的倾向：很多人认为玛雅日历的2012年12月21日不是一个古老历法的最后一天，而是世界末日。随着这一天的临近，这种倾向会在随后的几年内造成什么影响还要拭目以待，但这种影响肯定是巨大的。是会让人们一起翘首以待更加灿烂的明天，还是会引起全球大恐慌呢？如果说现在是某种暗示，当2012年12月21日那天平安无事度过之后，我们就会看到抱有以上两种心态的人都会大喘一口气。毕竟时间最有发言权。

另一方面，如果玛雅人真的是想揭示什么，那么即使有大动乱也可以经过准确的计算预测出来，毕竟他们暗示的宇宙是一个非常井然有序的地方。当然，即使这个大动乱对人类有害无益，至少也说明了上帝管理的宇宙是井然有序的，知道这点也不错哦。

## 关于2012的其他惶恐

当20世纪80年代何塞·阿圭列斯开始写这本书时，他并没有料到会有这样的效果：让2012成为世界末日的代名词，这也不是他的本意。事实上，一旦玛雅的日期进入公众的意识，2012年也就成了一些末日论者手中的催化剂。

上述这个结果，是在意料之中的。毕竟，除了将自己的预言和公众已经熟知的末日日期结合起来，还有更好的方法来更好地吸引大家的眼球吗？这就是最近几年，世界末日预言又蓬勃发展，而且都尽可能预测结束日（不过这天已经确定）在2012年左右的原因，也是玛雅日期的认可度可能又会成为避雷针，让其他末日预言不断聚集在它周围的原因。

不过，与玛雅人的预测相比，这些末日预言的不同之处在于他们对末日情景细节的描述。一些玛雅预言的支持者对2012年地球会遭受怎样的影响描述模糊不清，而另一些却相当详细，声称末日那天将会发生磁极的突然转换以及太阳黑子的致命性剧烈运动（这会导致各种各样的灾难，比如大规模的海啸、火山运动特别是宇宙辐射的剧烈增强）。五花八门的末日预言支持者都竭力描绘寻找符合这一日期（至少这个时间段）的末日景象，这种倾向给公众造成了这样的印象：无数的不相关的预言都聚焦在这一点上，因此好像暗示一个各种灾难结合起来的宇宙大末日近在咫尺。

然而，还有个问题：有人认为有一些预测包含一定的道理，比如2012年确实和太阳黑子活动加剧期吻合。一些科学家甚至说，这将是50年来太阳黑子活动最剧烈的时期，不过这种说法只是推测。太阳黑子活动每11年就会加剧，这也是太阳自然周期的一部分，之后黑子活动减弱，直到11年后下一个周期的到来，所以这也不是什么新鲜事。让人觉得新鲜的是：人们竟然认为现在这个周期不是自然的，而是不祥的预兆，于是引发了关于世界末日情景的各种预想。

事实并不像某些人想的那样糟糕。虽然太阳黑子活动的加剧会干扰无线电通信，偶尔也会对在轨道上运行的卫星和航天器带来一场浩劫，但是它对地球本身的影响还是可以忽略不计的。异常强烈的太阳黑子活动对地球造成的实际影响就是：在太阳黑子活动达到顶峰时，太阳会稍稍变热（不过只是一点点，仅会增加太阳温度的0.1%），因此有人担心这会进一步加剧全球气候变暖。其实，这只是极小的因素，因为比起太阳黑子来，大气中的温室气体才对全球变暖起到决定性作用。

末日支持者还利用了每11年发生一次的事件：太阳磁极的反转。据美国宇航局的科学家说，上一次太阳磁极的反转发生在2001年，预测2012年的某时还会再次发生。因此，那些末日预言爱好者声称，当那天太阳磁极反转时，会让地球磁极产生类似的作用力，导致地球磁极也同样反转——也就是说指南针将不再指向南方，而是北方——引发地热和地质构造上的大灾难。有人甚至说这种转变将导致地球两极完全转变，从而造成地球上下颠倒，并扭转其轨道，这些变化势必会对所有的生物造成非常不利的影响。

然而，这个预测也是毫无科学依据的。首先，虽然地球磁极每隔相当长的一段时间（上一次大约发生在740000年前）确实会发生反转，但是并没有证据显示这样的转变迫在眉睫，也不能确切地知道会给地球带来什么影响。显然，磁极的反转会产生问题，但是会给人类带来多大的灾难还有待商讨。

如果说地球真的会完全上下颠倒或轨道逆转，这肯定会带来大灾难。然而，从纯科学的角度来说，这样的预测是不可能发生的。地球像一个大陀螺，在失重的真空中运转，如果要停止它的轴心旋转（或者即使是不改变其轨道，仅仅慢一点）需要大量的能量。唯一有小小的希望能完成这一壮举的是：一个像月球那么大的小行星在足够近的距离，从准确的角度，并以完全压倒地球势头的力量撞击它，让它偏离自己的轴心。当然，这一惊险举动会造成地球脱离大气层，和亿万吨物质的粉碎，这也让逆转成为了一个颇具争议的话题，因为不大可能会有人活着留在地球上看到这一现象。

另一个伺机谋杀地球的行星杀手叫X行星，真是难以想象（不要和20世纪50年代那部科幻电影中与它重名的行星搞混了）。X行星只是对即将发现的行星的一个科学命名，这种天体是轨道偏离的某些外围行星（正是1930年海王星的轨道偏离，才发现了冥王星），这使X行星会引发世界末日的预测更加真切。

这是一个名叫撒迦利亚·西琴作者的心血。他住在阿塞拜疆，是一个基本上自学成才，并自诩是古现代希伯来语、各种闪米特语（也叫闪语，包括希伯来语、阿拉伯语等）、旧约以及近东历史和考古方面的专家。他在1976年理论上证明了在冥王星轨道之外存在着第12颗行星（他宣称这是古苏美尔人所说的Nibiyu,在苏美尔语中意为“地球的通道”）。这个说法本身就已经非比寻常了，西琴又进一步说这个像地球那么大的行星[24]有一个超大的椭圆形轨道，每3600年会接近地球。在这次密切接触时，第12行星上的居民会以各种各样的方式和地球人往来交际。

西琴还说这些外星人第一次登陆地球是在450000年前，主要通过对雌性大猩猩进行了基因改变，创造出人类，而且以后他们会定期回来调试自己的作品。

显然，第12行星会在任何时间再次造访地球（可能是2012年），如果真是这样，拥有先进技术的我们（与他们上次造访时看到的我们祖先的情况有天壤之别），将会和它们展开一场恶斗。因为第12行星的居民应当比我们先进几千年，这样的冲突看起来更像是世界末日而非友好的基因转换。不过，西琴的理论漏洞百出。且不说他是否具有准确翻译和正确理解苏美尔楔形文字

24 第12行星本来应该像地球那么大，但是它在远离冥王星轨道时因为内部过热而导致放射性衰变。

的功力，他的宣言和理论也缺乏证据支撑：这么大的椭圆形轨道的行星，在运行到冥王星上方时有99%的时间都处于黑暗中，那么它怎样维系其居民的生命呢。此外，即便他的假说是正确的，我们应当可以从考古学上发现3600年前第12行星居民第一次造访时的证据，但我们只能在《旧约》中才能找到纳菲利姆人和塞拉菲姆人——暗指创造我们的第12行星人。这样的证据明显是站不住脚的。但西琴仍然有他的拥护者，这些人近乎狂热地继续坚信西琴的第12行星猜测。一些人认为西琴提出的说法——这个假想中的尚未发现的星星确实存在——还是颇有说服力的。不过这个行星至少像金星那么大，在太阳系以外，离奥尔特云不远。当然，上面是不会有人居住的，当然不会给我们造成威胁了，除非它大到足以扰乱长周期彗星的轨道，这样才可能会使我们每隔一段时间就偏离轴心一次。还有人说，这颗神秘的行星甚至可能就不是个星体，而是更大更致命的类似太阳的褐矮星，如果这是真的，它不仅会让我们的太阳成为双星系的一部分，还会以致命的方式影响太阳。

一些人曾经说，如果存在这样的星球，那么它可能会升高太阳的温度，从而导致11年一次的太阳黑子活动的加剧，也就是在2011年到2012年。假如这种现象非常严重，反过来就可能会给地球的磁场造成毁坏性影响，那么这确实不是件好事。有一个神秘的未知行星或褐矮星会威胁我们的地球这种预测，其实并没有受到科学界的拥护。主要是到目前为止，没有任何证据来支持这种假设。

## 《圣经》中预言的2012年致命彗星

或许最有意思的灾难性预测来自《圣经》，不过这次不像往常那样，隐含在《启示录》中的启示性文字或宣言中。这并不是《圣经》的内容，而是《圣经》里的文字的排序。据《圣经密码》的作者迈克·卓思宁称，《圣经》不应该以包含有古代预言的文字来解读，而是一个密码系统，暗含的信息都在《旧约》的一些文本混杂的文字中。

卓思宁说通过使用一种叫做字母等距列的方法，一个人能够发现临近的词语和日期之间有意义相互关联的模式，这些单词在“摩西五经”（《旧约》的前5卷和犹太律法的核心）的文本中好像完全扯不上关系。例如，从一段文字中选择在一条斜线上的5个字母，拼成一个有意义的词或短语，并赋予它预示的含义，他发现很多重大历史事件，像肯尼迪遇刺、9·11事件等都有这种规律。

鉴于在五经中有几万个字母符合这样的位置，而且它们的出现来自于字母或词语重组，要提前预测简直难于登天。卓思宁解释说他找到了一种真正的预言密码，可以使用完善的计算机软件来搜索相关的字母和单词来破解。

而且卓思宁发现的不仅仅是已经发生过的事件，还有对未来灾难的预示。因此，他继续记录说，他发现了一个隐含的信息，预言在2012年将会有一颗彗星撞击地球，从而毁灭所有的生物，这使他得出结论——至少根据他的推算过程——2012年真的是世界末日。

然而，批评家说卓思宁的方法不过是拙劣的花招，指出用他那种方法可以组合出任何有意义的单词或短语，来暗指任何类似的意义。

例如，强烈批评卓思宁这种算法的意大利数学家布伦丹·麦凯指出，用计算机搜索一下19世纪赫尔曼·麦尔维尔的经典著作《白鲸》，也会在临近的词语中发现很多有意义的短语。或许，最引人注目的是麦凯在《白鲸》中发现的一系列词语和以色列总理伊扎克·拉宾在1995年的遇刺有关，那些词语包括了杀手的名字，他上的大学甚至是刺杀的动机（“奥斯陆”，与1993年的奥斯陆协议有关，在这一协议下创立了巴勒斯坦民族权力机构并赋予它在加沙一带和约旦河西岸部分地区一定的控制权）。[25]

尽管后来遭到卓思宁和他支持者的反驳，但是麦凯确实成功地证明了：就像在忽明忽暗的光线下，眼睛有时会被误导，以为看到了熟悉的面孔一样，大脑也会被诱导，误以为一些杂乱无章的字母组合是有意义的话语。批评卓思宁的学者还指出，卓思宁在2002年后续读本的《圣经密码2：倒计时》中，描述了可能会有核战灾难和2006年的地震会毁坏很多主要城市，宣称灾难会在希伯来历法的5766年（现代日历中的2005年9月到2006年9月）达到顶峰，这一年被清晰地描述为不但有世界大战，还会有核武器带来的大屠杀……。当然，这个预言被证明是错误的，[26]这也使他宣称的彗星在2012年撞击地球的预言同样值得怀疑。

---

25　例子以及更多的相关信息参见以下链接：http://cs.anu.edu.au/~bdm/dilugim/moby.html(2009年6月12日登陆)。

26　公正地说，卓思宁说的是：“……《圣经》密码并不是预测我们将会在2006年全部灭亡。而是警告说如果我们不改变我们的生活，我们可能会在2006年死亡。”（《圣经密码2：倒计时》），这让他的预言从本质上看更像是假说。

当然这并不是说2012年彗星不会撞击地球，但是当想到这样恐怖的预言以及它给全人类带来的不必要的恐慌时，我们确实被迫停止前进。

当然，如果《圣经》真的预示了世界末日即将来临，那么我们就得思考了，为什么要将暗示隐藏在古老的文字中呢？“摩西五经”的作者——假设是上帝（或者如他人所言的是远道而来的外星人）——对此事不是应该更了解吗？毕竟，我们在此谈论的是人类历史的灭亡，或者说是我们必须知晓的事情。上帝（或外星人）难道真的对此事漠不关心吗？

# 结论

对于当前盛行的还没有变成现实的预言，我也只知道点皮毛而已，但这个小小的例子足以表明接下来的几年必定如预言所讲和过去一样都是多事之秋。总有人会将每一场战争、5级飓风以及政治动荡诠释成末日的序幕。

当然，只有时间能证明哪个预言会成为现实，2012年是否真的是人类历史上关键的一年（或是人类历史的最后一年）。很明显，2012年之后，如果你正在读这些文字而根本没有什么世界末日的迹象，那你就明白了一切。如果预言家经过仔细研究得出的世界末日日期未能成为现实，那么时间似乎对他们太无情了。我猜想这一次又会是历史重演，而且对他们的打击更大，因为随着2012年的临近，战争、自然灾害以及危机的出现可能性不大。世界末日的预言家们最终会不会屈服，承认他们的预言只不过是胡吹乱造，有时还存在一些不负责任的猜测呢？据我猜测他们只会重新诠释他们的图纸、重新解读那些信号或产生更多世界末日的幻觉，重蹈覆辙。

只要有人继续编造这种预言，而且也只要有人愿意相信——这就是预言过去乃至将来的必由之路——世界末日就总是近在咫尺。

第七章

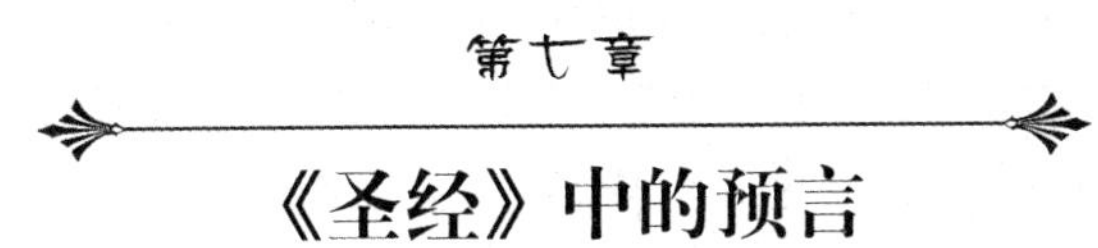

# 《圣经》中的预言

我第一次接触《圣经》关于世界末日的预言是在1974年夏天，当时我16岁。在那段青葱岁月里，不知从何时开始我姐夫查尔斯成为了我的精神顾问，当时他给我推荐了一本书《已故的地球》[1]，我从未想过这本书会给我带来这么深远的影响。这本书的作者叫哈尔·林赛，他原来是一个拖船船长，后来转行成为了预言家，当时还是小有名气的。《已故的地球》可以说是一本关于“世界末日”的书，书中描述的内容几乎都是关于世界末日（或更准确一点说，是当时的末日）的。

类似的书籍之前也出现过，但没有一本书能像林赛的一样把

1　该书成为20世纪70年代最畅销的小说之一，最终被翻译成54种语言，销量超过3500万册。实际上，其畅销程度远非如此，几十年后的今天，该书仍在销售。这对于一个初出茅庐的作家而言着实难能可贵。

末日描述得如此具有可读性，甚至以一种娱乐的方式呈现出来。书中讲述了苏联及其盟友欲横扫中东消灭以色列，结果却被卓越的敌基督领袖领导的欧洲国家联盟（他称20世纪70年代的前欧盟为欧洲合众国）所摧毁。

他将这场2.5亿人之间的生死决斗描述得极其壮观，却又鲜血淋淋（林赛描述，血流漫过了战马的缰绳；我不确定在未来的疆场上是否还会有战马，但林赛似乎对此深信不疑）。对于一开始就痴迷于血腥战争历史的孩子而言，这是无法抗拒的。

但那不是故事的全部。林赛还描写了在苏联、阿拉伯大举进攻以色列之前，世界上所有的基督徒——或至少是所有“真正的[28]”基督徒——会通过众所周知的“极乐世界”从地球上瞬间消失，这会招致7年之久的可怕灾难，让数以百万计乃至几十亿的生命死亡（甚至许多幸存者都希望自己死去）。

庆幸的是，《已故的地球》的结局皆大欢喜——至少对于那些在那个黑暗时期（7年前耶稣基督连同所有基督徒肆掠了整个地球，现在他们再次返回来摧毁敌基督者及其追随者，以重建他们在地球上的王国）将基督当作救世主，并成功躲过这次猖獗迫害的人们而言是如此。毋庸置疑的是哈尔·林赛非常知道该怎么编故事。

渐渐地，我相信了他的故事，不是因为故事本身多么令人兴奋，而是因为林赛说，所有这些在《圣经》中均有记载。现在即便是对《圣经》只有肤浅了解的天主教徒也知道这是大事件。我虽然没读完过《圣经》的一个章节，但是我相信如果其中真有这

28　“真正的”在这里是一个代码。虽然林赛未在他的作品中明确说明，但他以及其他一些人都认为如此。

样的记载那必定是真的，由此可以看出，即便是如今，我对自己毫无所知的东西也深信不疑。

那么这会让我步入教堂吗？也许会，但不是马上。即便加入基督教能让我免除同胞可能要遭受的可怕命运，我还是没有在少年时期“步入教堂”。《已故的地球》以及它所描绘的异想天开的景象并没有把我“拉下水”，但事实上，之后的几年它还一直萦绕在我的脑海，直到最后，几乎成了我忧虑的祸根。满21岁后不久，我决定认真对待这些“基督教的东西”，成为一个成熟的、正式的重生基督徒。当时我不仅认为自己已经“得救”，而且以为自己瞬间也有资格在大限来临时成为“极乐世界”的一员，我认为这一时刻——至少根据林赛的暗示期限——即将到来。

期望逃过这一灾难时期并不是我成为基督徒的唯一原因，但却是主要原因。那时，我将这视为从上帝那里得到永远救赎的救命稻草之一，而且我也很感激他能为我考虑得如此周到，让我经历那么多磨难以赎罪，最终成就真正的和想象中的我。他的慷慨鼓舞，让我最终开始阅读这本我久闻大名的《圣经》，还有我手上所有关于它的评论以及与信仰相关的书，直到最后我成了一个《圣经》通——至少与大多数经常做礼拜的人相比是如此。[1]当然，我不是神学家，但是不久后我从《帖撒罗尼迦前书》、《帖撒罗尼迦后书》中对尼希米有了充分的了解，甚至能完全背出整篇《新约》。（我又回到了记忆力尚好的时期。）

1　听说只有5%的基督徒能从头到尾读完整篇《圣经》。我不知道，这个数是否准确，但根据我的经验，即便不准，也不会相差太远。

在这个过程中，我对林赛有关这一主题的后续作品[30]愈发熟悉，但还不足以声称自己是《圣经》研究领域的权威。毕竟我不是什么没读过书的孩子，我深知学术领域的浩瀚无边。

但是，有一个问题：如果我守口如瓶，缄口不提此事，会使我心安，但让我难过的是许多朋友和家人不愿加入我的大探险。我开始尝试改变他们，虽然明知不会成功，我还是不厌其烦地试图让他们相信我的理论，但最后我还是失败了。似乎即便我费九牛二虎之力，还是不能把他们从噩运中拯救出来。我能做的就是希望当我和其他数以百万计志同道合的基督徒瞬间消失时，可以证明上帝所言不假，要他们亟需回头时，他们能够聪明地皈依基督教。毕竟，那将决定他们是否要遭受7年灾难。这7年灾难的目的就是要让人们后悔。虽然我不知道上帝会如何显示他对人类的“爱”——实际上上帝是折磨人类让他们后悔，但我相信他明白自己在干什么。

也许那就是所有麻烦的起源。随着自己慢慢长大，我开始质疑自己盲目崇尚的信仰——不仅仅是因为我对家人的关切以及对灾难期基本原理的质疑，还因为随着时间的推移我开始注意到林赛所言的末日时限似乎有偏差。他宣称——像其他所有名副其实的预言家一样——以色列1948年建国这一关键事件，将敲响末日之钟。

要给出解释有点难度，但似乎一旦以色列在结束了2000年的漂移历史后成为独立王国，耶稣在福音书（《马太福音》第24章第34节）中推测的《圣经》的“最后一代”（许多《圣经》学

---

30 《撒旦与我们在地球上同在》（大激流，MI：Zodervan,1972）、《新世界来临》（圣·安娜，CA：视野出版社,1973）、《20世纪80年代：世界末日倒计时》（纽约：班塔姆,1980）等。

者所指的“一代”）也就到来了，这也意味着耶稣将在40年后返回。据此我计算——以及林赛不精确的暗示——耶稣将在1988年某个时间返回。如果推算时间正确，耶稣返回之前确有一个7年的灾难期，极乐世界将在1981年6月到来。我只是在两年前才成为基督徒，对于我而言极乐世界是理论与急迫现实相结合的事件，我也曾期待那天的到来。

不幸的或庆幸的是，事实上——1981年没有一个基督徒进入极乐世界，也没有出现反基督徒，这让我感觉很困惑。

可林赛的预言好像是经过深思熟虑的，而且日期又如此精确，所以我也不知道原因何在。但是，我还是对《圣经》，对从某种程度上说是研究《圣经》的学者充满信心：他们应该不会信口开河。

最终我得出结论——也许1981进入极乐世界的日期有点夸大。也许耶稣使用“一代”这个词是个隐喻，并没有表明恰恰是40年。此外，一些传道者认为也许是出于同情，耶稣故意拖延返回日期，想再给地球上的人类一次最后获得拯救的机会（不过还是有人认为预言特别准，救世主还是要坚持原来的时限）。由于种种原因，我没打算立即驳回林赛的预言。我还是继续相信极乐世界不会太远——和随之而来的末日的蹄声。

但是到了80年代末，事情变得复杂起来。

首先，1988年是以色列建国整整40周年，但这一年还是没发生任何异样的事情。更让我惊讶的是，1989年柏林墙倒了，林赛所认为的世界末日的缔造者苏联也退出了历史舞台，这使林赛的理论更加让人质疑。

当然，对于林赛先生来说这也并不完全是坏消息。大洋彼岸的任何一个强国都可以调用一支两亿人的军队入侵整个印度半岛，而且欧洲正在转变成政治、经济和军事一体化的统一体，这为敌基督者的出现提供了舞台。但是，仔细考虑后，我确认任何一种末日的情景都不可能出现：他们即便可以组织一支两亿人的军队作战，但让这支军队行军7000英里，跨过喜马拉雅山、广阔的印度半岛以及伊朗和中东贫瘠的沙漠？这个设想明显站不住脚。

至于大肆宣扬的欧盟——嗯，只能说听起来与10年前相比更为不可能。林赛称其为一个十国联盟，总部在罗马，这也将是历史上最为强大的世界政府，但是它似乎只不过是一群争吵不休，共用一种货币并试图与美洲和亚洲国家进行经济竞争的欧洲政府的联合。再者，现在的欧盟远不止10个成员，总部也不在罗马，而且我也没有看到他们异口同声要发动第三次世界大战的迹象。即使欧盟中存在反基督徒，那么他也绝对成不了气候。

而且，我越发怀疑一些我坚信不疑的信仰可能出了错，因此也备受折磨。

某些基督学者认为《圣经》预言极具寓意或者这些预言在远古时代已经实现——我之前一直以为这些想法是异教的，进一步阅读他们的著作后，感觉我与林赛的观点相差甚远，直至最后，我总结出他和其他类似的人根本不知自己在说什么。

不幸的是，这让我其余的信仰也跟着起了连锁反应，如果说，在如此重要的末日信仰上我都能出错，那怎能保证我不会对类似于拯救、地狱、复活等信仰上也犯同样的错误呢？因此，我开始重审几年前盲目崇尚的每个信仰的思想支撑——必要时，我会放弃那些信仰。最后，我变得经常性认知失调。年届不惑之时，我受够了，遂毅然放弃教堂走向了其他不谈论世界末日的精神之路。

我最终看完了《已故的地球》。回顾时，我认为正是世界末日的预言让我最终步入了教堂，也是它让我放弃了这个信仰。有时候有些事真是捉弄人。

重点是，尽管2012预言和凯斯以及占卜者的冥想时下正盛行，但是相比之下，《圣经》字里行间隐含的预言给我们的世界观造成的影响更深远更持久。如此说来，就要很好地研究《圣经》中所描述的世界末日情景，以弄清楚它的预言为什么让我们如此着迷。我认为只需检查《圣经》关于预言的说法，借此我们就明白世界末日的预言是怎么形成的，以及这些预言是如何演变和流传数世纪之久，以至成为人类对未来担心的主要原因的。

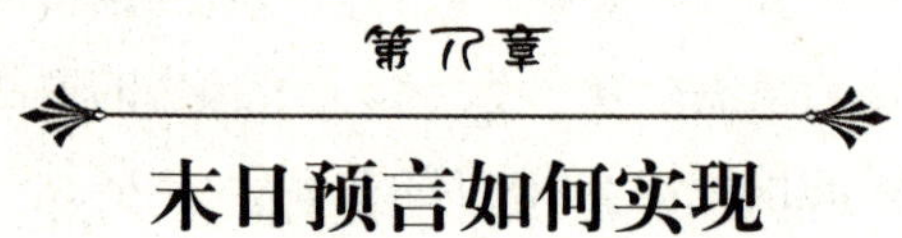

第八章

# 末日预言如何实现

我意识到《圣经》的末日预言也许不是每个人都关心的，但是考虑到《圣经》关于这个主题的思想对预言信仰和西方文化本身的影响持续达数世纪，还是很值得花时间对它进行更深刻的了解的，这样我们能更好地了解他们几百万的基督信徒来自何方。我想公平公正地做这个研究，而且也愿意让读者来评价我是否成功。此外，我意识到世界末日的预言不只局限于基督教，在犹太教和伊斯兰教著作中也存在。我的讨论仅限于基督教，因为我对它更为了解，而且似乎我的读者也一样。

我在之前的章节中详细写道，首先把世界末日预言介绍给我的是哈尔·林赛的著作。但是他的观点绝对不是独创的，也是建立在基督教对世界末日的独特理解之上——这个独特理解以这样或那样的形态存在了大约2000年。总而言之，基督教围绕的中心是，大约2000年前，耶稣在死时宣称他死后会升入天堂，还会从天堂返回地球击溃邪恶力量，并重建他的王国，让众人来评论人类历史的最后一幕。

事实上，这个预言是以基督教思想为中心，而且除非耶稣返回（基督教行话称之为“耶稣再临”），否则这个预言本身就不完整，这就使耶稣再临成为决定性事件，是整个预言的希望。

因为世界末日情景在基督教信仰中非常重要，因此不难理解为什么教会要花那么多时间和精力去思考末日会何时发生。实际上这个问题非常重要，教会甚至还有它的官方“科学”——末世（源自希腊文“哀思克亥土斯”，意思是“末了”）学，专门用于研究世界末日预言。

毫无疑问，这个问题从一开始就是教会内部分裂的源头——尤其在最后几个世纪。他们分成了多个学派，讨论这一事件是如何能置身于相互斗争之外并达成了共识。虽然他们都同意耶稣会重返人世，评判生与死，摧毁撒旦及其邪恶军团，但他们不能达成共识的是事件的顺序。似乎主要的争执点在于某个叫“千年（源自拉丁语词根“麦尔”，意思是“一千”）”的东西上——《启示录》中提到的有关计时、自然以及基督耶稣返回地球建立的王国的时限。换句话而言，2000年来基督教就固定在讨论千年从何时开始、持续多长以及这是指一个时期还是指某一年（在数字上是整千，如公元1000年、2000年）。但是在这里我们要比他们领先一步。首先，来仔细了解一下什么是千年。

千年是基督实际统治地球的时间，假定其统治王国的首都是耶路撒冷。这一时期也称其为“弥赛亚时期”或“教堂时期”，并被简单地定义成了千年。但问题是，正如许多人认为的那样，一千年的时间也许只是借用隐喻来简单表示一段很长的不确切的时间。

换言之，这也许只是表示“很长时间”（就像在餐厅等候服务时，我总是用这个词抱怨时间太长）。还有一个问题，这段时间将出现在未来和平繁荣的“黄金时期”，还是在过去已经出现了？（还是目前正在经历着呢？这样的话，它也许就成了现代演讲中必不可缺的数字或成了“教会时代”的代表术语——基督教存在的时间长度。）分而看之，基督徒对千年会何时出现以及到底它是什么有四种不同观点，让我们来详细看看每个学派的思想。

## 千禧年后论、无千禧年论及“教会时代”

第一个，或许是基督教最古老、最持久的设想，被称为千禧年后论。千禧年后论的设想是千年国度建立在耶稣复活的基础上，最后世界慢慢转变为一个崇尚基督教徒的星球。对千禧年后论来说，千年国度先于基督再临，它们不同时到来，再者，耶稣的身体将会在整个世界完全基督教化后，让再临（第二次降临）成为历史的最后一幕。实质上讲，千禧年后论相信，从某种意义上来说，世界已经是上帝在地球上的王国了——随着世界接受的考验不断升级，这一成果将更加稳固。然而，从预想这个“王国”建立开始，想想2000年以来世界上的战争、宗教裁判、迫害和混乱，比起过去，它已经越来越不受欢迎。曾经有一段时间，特别是在19世纪末20世纪初，两次世界大战的大屠杀之前，这个预言相当盛行，只是一个世纪内的两次大战刺瞎了它一只眼睛，至今仍未复明。

类似的观点——至少在千禧年时期被认为是一种精神而不是一个真实王国，被称作无千禧年论，这意味着，最起码没有关于千年的文字记录。无千禧年论，像千禧年后论一样，认为千禧年实质上是暗喻从耶稣的重生到他最后回归的整个历史时期；与千禧年后论不同的是，无千禧年论并不认为在此期间取得的种种成果是耶稣即将回归的标志。对无千禧年论来说，像过去一样，世界将受到各种各样的考验和磨难，直到耶稣重新降临为止，这或许发生在明天、明年，或者一千年后。通常情况下，有关基督统治世界的预测在过去部分应验了，但是直到耶稣的肉身降临才会最终全部应验。从本质上讲，这使得上帝的王国“既已经存在又尚未实现”——已经存在是指耶稣在他重生时已经有效地设立了他的教会，尚未存在指那些直到他回归才能全部应验的事情。

最重要的是要记住这两种观点没有提到耶稣回归的准确日期，而且世界末日的情景对他们的支持者也没有造成很大的影响。由于他们没有把千禧年作为严格意义上的一千年时间，也没有说上帝的王国会在现实中真正实现，因此他们口中的世界末日的情景也相对没有那么权威，甚至被完全忽略。千禧年后论或许在看到社会进步、教会急剧发展的时候，认为耶稣的回归指日可待，但是总的说来，没有哪一个观点期待世界末日快点到来。

## 千禧年前论及末日神学的崛起

对千禧年的第三种也是当今最流行的解释——与最流行的现代世界末日言论紧密联系起来——叫做千禧年前论，从字面上来说，就是在千禧年之前。换句话说，千禧年前论与千禧年后论及无千禧年论不同，它把千年看做是尚未实现但在未来将要实现的事件，而不是已经发生在过去或者现在正在发生的事件。

此外，和其他的末世学论者不同，千禧年前论把千禧年做了书面解释，不是赋予比喻意义，而是严格规定了的一千年时间：这段时间内将会发生某些历史事件和政治事件，耶稣肉身的再临是整个千年时代的开始[31]。千禧年前论同样相信耶稣再临会在千年时代之前，而特定的国际事件会是前奏。

或许有人认为千禧年前论者关于这事如何实现有完全一致的意见，事实上，他们关于这一系列事件发生的精确顺序有相当激烈的辩论。这导致了千禧年前论的分裂，出现了两个主要派系。第一个派系是传统的千禧年前论，他们相信耶稣的再次降临会发生在任何时间，降临时耶稣将会驯服撒旦和他的追随者，建立一千年的和平时期。另一个派系通常被称为时代论者，他们同样相信耶稣再次降临，但又补充说，耶稣的降临不是单一的事件，而是一个伴随着7年巨大灾难的双重事件，在此期间，地球将受到巨大的破坏。换句话说，时代论者认为耶稣必定先降临，把教堂从地球转移到一个单独的地方——极乐世界——来拯救他的全部教徒（一般定义不是从信仰上看，而是真正的信徒），7年后他将与先前到极乐世界的信徒一起第二次降临，在伟大又可怕的世界末日战争中彻底打败撒旦和他的追随者。然后，他在地球重建他的教堂，迎来一千年和平与正义的时期。在下一页的图表中，我以简洁的形式对这种观点做了阐述。

31　公平地说，有一些但是少数的千禧年前论者对千禧年做了隐喻解释，使这个黄金时期延长了。

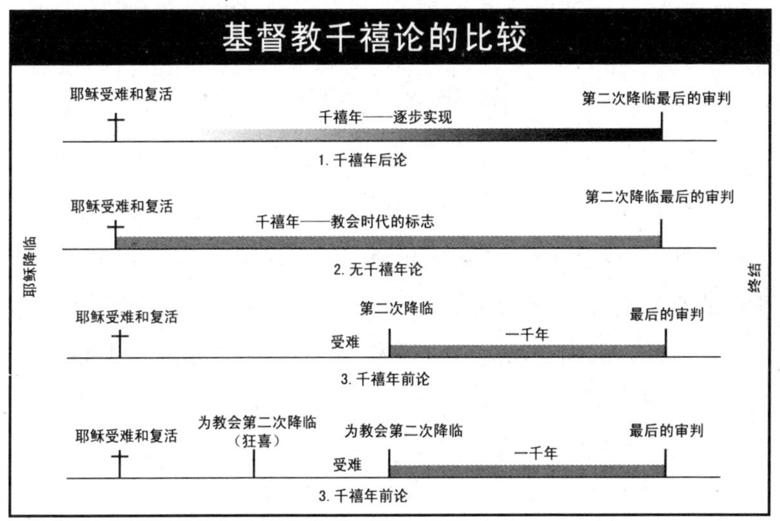


然而故事并不是那样就结束了。对千禧年后论和无千禧年论来说，耶稣的回归是世界的末日——是全人类的审判日。对千禧年前论来说，它仅仅是第一幕的结束。大多数人认为，在这个千年之久的和平繁荣的黄金时期结束后——在此期间，撒旦和他的信徒将被约束，从而阻止其种下祸根。上帝将令人费解地释放魔鬼，给他再次在地球上作恶的自由。然后，魔鬼会以各种方法把他的信徒编成军队（虽然目前还不能确定在这个启蒙的黄金时期撒旦是如何做到的），他将争取在耶路撒冷降临，努力打败上帝而一劳永逸。当然，他们的命运是注定的，正如我们被告知的那样，他们将会在一场伟大的战斗中被打败（真正的世界末日战争），之后最后的审判将上演，撒旦和他的追随者——人类和恶魔——将会被扔在火湖里去经受永恒的折磨。[32]

32 我经常想知道为什么撒旦可以阅读《启示录》，并能看到等待他的命运，为什么在他被释放后不"隐匿"起来等待千年结束呢？然而我并不是他这样的策略家。

## 理解极乐世界

时代论的独特性在于它坚持双重降临——第一次降临是大灾难初期把众信徒带入“极乐世界”，紧随其后的是灾难结束时耶稣的最后降临。这样做是为了确保把上帝的“选民”（全部的基督教徒）的肉身从地球上带走，让他们在这大灾难时期免于折磨和痛苦（因此，从拉丁语中来的“极乐世界”是对希腊文“harpazo”的翻译，意指“抢”或强制移除）。事实上，它的意思是逃避方法，是指所有基督教徒都幸免于遭受7年大灾难的煎熬和折磨——这些灾难都是上帝为了努力说服所有“异教徒”来改变他们的态度而设的。它也指7年的大灾难是敲响耶稣最后回归并建立他千年王国的时钟。

这种思想非常流行，因此基督教的书店里充满了传播预言的书籍，但是大概没有哪本比得上牧师蒂姆拉海伊和杰里詹金斯的系列小说《末日迷踪》了，它更有效地给公众传授了这种思想。小说详尽描述了所有基督徒被从地球上带到极乐世界之后，发生在执迷不悟的地球人类身上的所有恐怖血腥的事件，这本书和它的15本续集一直是基督教主题系列最畅销的小说之一。此外，演员柯克·卡梅隆——也许凭借20世纪80年代在电视剧“成长的烦恼”中的角色而出名——开始在电影三部曲“后极乐世界”中担任主角，这些电影是以最畅销的基督教小说为素材拍摄的。虽然还不知道这些电影将如何有效地传播时代论者的观点，但它们无疑对这一思想的传播（上帝在惩罚异教徒之前将拯救他的信徒）做出了巨大的贡献。

不管怎么说，就是这个“极乐世界”使得时代论上升到了神学（已经发展几个世纪了[33]）的高度上，同时也成为了百万民众惊恐的根源。

基督教徒将会在一眨眼的工夫迅速到达天堂的想法是从何而来的呢？虽然在《圣经》中有几个段落暗示了这种可能性，但最清楚的描述来自于传道者保罗的著作，他在给塞瑟露利尼亚教堂的第一封信中这样写道：

> 我们现在向你们传达主的话：我们这活着并存留到主降临的人，不能阻止那些睡着的人，因为在呼叫的声音和天使的声音和神的号角声中，主必亲自从天降临；那些为基督而死了的人必先复活。以后我们这些活着的人必和他们一同被提到云里，在空中与主相遇。这样，我们就要和主永远同在。

请注意保罗没有提到任何关于耶稣二次降临的事件，只是说，这些在耶稣回归时活着的人，将不会死亡，而是被迅速送到天堂（在有些文章中被称为“转移”），与那些在历史上死掉的耶稣教徒汇合。至于后世的人是怎么把这变成今天看到的神奇情景的，这就说来话长了，但我只想说，二次降临并非完全充实于《圣经》，其中猜测的成分更多。

此外，时代论者们甚至不能对极乐世界是怎么回事达成共识。大多数人认为它是7年大灾难时期的导火索（事实上，正是

33 除了说它由爱尔兰福音作者约翰·纳尔逊·达比于175年前创作，之后成为畅销书，而关于《斯科菲尔德参考圣经》的时代历史意义就不赘述了。

这一事件为敌基督获取力量提供了可能性）；其他的则相信基督教徒在这一时期将会及时被送到极乐世界[34]；而第三种——也是最悲观的一类——则认为它将是大灾难结束的最后一幕（虽然这种说法在时间上有点模糊）。每个派别——也就是通常所说的，千禧年前论者、千禧年中论者、千禧年后论者——都在用他们最擅长的说辞来支持他们的立场，并誓死捍卫自己的说法。

争论一直未休，比如事件会在毫无预兆的情况下随时发生，还是一些必然事件会相对提前发生？又比如很多信徒都坚持应将世界上所有国家的货币统一（是否使用欧元？），以色列应该处于和平状态（是否符合《戴维营和平协议》？），必须拥有一个世界政府（可能性极其微小），希腊王耶路撒冷圣殿应该建在其原始地点以及应重新启用《圣经·旧约》里关于动物殉葬的戒律。不过，大多数人都坚信这些事件已经在远古时期发生过了，或者认为这类事件只会发生在大灾难时期（即极乐世界以后），这就意味着所提到的“大事件”可能会随时发生。不管怎么说，无论对谁而言，这都将会是一个重大灾难事件。想想看，如果世界上的芸芸众生在瞬间消逝，只留下大批无人驾驶的飞机和四处横行的无人驾驶交通工具，将会怎样？

34　这种说法来源于《但以理书》第7章第25节），其处写有圣人将会沉湎于“一载、二载、半载”的苦难中，被解释为苦难的3.5年或7年的半程。

## 结论

即使大部分基督信徒都接受耶稣的宣言“那日子，那时辰，没有人知道，连天上的使者也不知道，圣子也不知道，唯有圣父知道”（《马可福音》第13章第32节），还有很多人倾向于通过观测天兆来看他们是否可以推测出极乐世界降临的时间，若不能算出精确的日期，至少能得出大致的日期，这就是基督教徒尤其是时代论者愿意这样做的原因。

换句话说，尽管只有极少数末世论牧师愿意为世界末日定一个精确的日期，大多数牧师没有这样做——他们中大部分人也都把每一条值得关注的新闻事件如热带风暴、地震以及经济萎缩阐释为末日（或开端）即将降临的依据，这也使他们因为给世界末日规定了时间，而在内心深处充满罪恶感。事实上，他们中很多人为此做了将近四十多年的研究，这证明了他们多么擅长说服他人，只要有人愿意相信，他们就可以把几乎所有的一切解释为末日到来的迹象。

另外，通过不设定具体日期或从信徒那里求得原谅——因为过往的很多所谓的“灾难日”里并没有任何事情发生，最起码可以让他们保住饭碗，偶尔还可以在电视上露露脸。这样说或许难以入耳，但是，除非基督信徒对他们所做的灾难的预言做出明确解释，否则恐怕教会继续笼罩一种世界末日降临前的氛围，暗示未来世界将是多么的黑暗，而唯一好转的办法就是上帝将此星球毁灭而重新创造另外一个新世界。就我而言，我无法想象这样可以让上帝对他们爱得更多一些。

第九章

# 时代论者对《圣经》的进一步曲解

一些读者肯定会指责我未验证《圣经》中支持时代论者的依据，就肤浅地评论它。本章将会对一些千禧年前论或更确切地说是天命史观的“依据”进行检验，来反驳末日即将降临的观点。然而，我在此警示读者，本章的“圣经分量”将会相当高，可能对那些不了解基督教的读者是个严峻的挑战。因此，一些人可以跳过本章继续阅读，以满足他们想大概了解基督徒信奉的末世论的内容和原因的愿望。然而，对于那些对细节问题充满好奇的人来说，只要能够体会到时代论者的思维方式，可能就会从本章中获得乐趣。

正如我在上章中所提到的，让时代论者陷入困难重重的原因是他们对“耶稣归来”说法的坚持，以及通过“阅读”天兆做出的预测。也就是说，通过记录他们相信的形形色色的历史性事件——这些事件在几千年前就已经被预测到，现在正在发生或将来会实现——读懂天命史观。

我们以一系列复杂的先决条件为前提，这样可以使我们的思路井然有序。问题是，假如在过去就已经发生了时代论者预测的未来事件，或者他们对《圣经》的解释从某种层面上说都是错误的，那么整个天命史观的前提就会犹如谚语中的纸牌屋一样塌陷。我们只能对它的一部分“证明文字”来进行检验，以确定在历史与逻辑的验证中它是否能站得住脚。

## 以色列与橄榄山演讲

天命史观共有的一个主要观点是，1948年以色列建国是当代最重要的历史事件。当然，好几十个国家在过去一百年中已经宣布独立，但却没有给世界带来很大的冲击。那为什么它们没有被关注，只有以色列的独立显得如此重要并还留下了一系列问题呢？如果从《圣经》的观点来看待这个问题，答案就极其简单：对于千禧年前主义者来说，犹太人是上帝的选民，在耶稣即将归来时，让以色列成为传递上帝旨意的象征。根据众多《圣经》学者的研究，1948年5月14日晚上，大卫·本–古里安总理在宣布以色列独立时，人们认为他同时设定了一个末日时钟——指向着大灾难日、“教会被提”、敌基督者出现以及世界末日的最后战役——它一直高效运转到今天，也使现代以色列成为当今天命史观的终极时间链条。

那么为什么千禧年前论者相信以色列是末日到来的关键点，

以及为什么他们认为1948年以色列的重建会如此重要呢？这与耶稣死亡前几天一次有名的布道有关，当时耶稣出了圣殿，正走的时候，门徒进前来，把殿宇指给他看。耶稣对他们说：“你们不是看见这殿宇吗？我实在告诉你们：将来在这里没有一块石头留在石头上不被拆毁了。”（《马太福音》第24章第2节）。

如今对于犹太人来说，这种想法很费解。神庙是犹太教的心脏（很像罗马教廷相对于天主教会，或者麦加大清真寺相对于穆斯林），它的毁灭相当于犹太人的世界末日，这自然地让耶稣的言论不仅仅带有预言性质，甚至可以预测自然中将发生的灾难。那么不足为奇，他的听众自然就会认为它的毁灭将是末日的来临，因此其中一个门徒会问：“请告诉我们，什么时候有这些事？你降临和世界的末了，有什么预兆呢？”（《马太福音》第24章第3节）在耶稣的布道中，所提及的不仅仅是圣殿的毁灭，还有其他导致世界末日发生的各类事件。这个演说相当长（但值得阅读），他用十分隐晦的语言进行了总结：“我实在告诉你们：这世代还没有过去，这些事都要成就。”（《马太福音》第24章第34节）这意味着所论述的一切都会在当时倾听耶稣讲道的人们的有生之年发生。

鉴于《圣经》学者常常认为“《圣经》的一代”年龄大约四十岁（妇女能够正常生育子女的最大年龄），因此耶稣所预言的一切将会在那次布道之后的几十年之内发生。假设他在大约公元30年（大多数历史学家都认可的时间）做出的预言，那就意味着圣殿的毁灭——以及对一切预言中有关事件的预言会在公元70年前发生。可以想象一下，当时耶稣的门徒都大约20岁，[35]尽管

35 一项不合理的假设。由于好莱坞电影的影响，我们都会把门徒们想象成三四十岁的中年人，但他们中大多数人在耶稣在世时其实都很年轻——或许正处于少年时期。

当时的平均寿命很短，但他们中的几个很有可能四十年后还在人世，因此这一说法并不合理。

事实证明耶稣是正确的，正如他所预言的，与以色列叛乱息息相关的圣殿其实在公元70年就被罗马军队摧毁了，他的话不仅仅带有预言性，而且极度准确。当然，时代论者也意识到了这一点，所以对此抱有兴趣。他们不但承认耶稣很可能指的是第一世纪圣殿的毁灭，也相信耶稣所指的是第二世纪同一时间所发生的圣殿毁灭事件：耶稣的第二次归来（还可以推测是未来的另一座圣殿）。其原因是他曾经做过这样的预言：

> 那时，人子的兆头要显在天上，地上的万族都要哀哭。他们要看见人子有能力，有大荣耀，驾着天上的云降临。他要差遣使者，用号筒的大声，将他的选民从四方，从天这边到天那边，都招聚了来。（《马太福音》第24章第30～31节）。

显然，很难看出那预言与罗马在公元70年毁灭的圣殿之间的对应关系，这让许多人提出耶稣是在预言一个未来，一个还没有建造的圣殿，同样也是以色列的未来。实际上，他们把它看做是一个双重预言，一个应验在当下，而另一个应验在遥远的未来，而后者就是耶稣之身返回地球时的世界末日。因此，当以色列经过近两千年的流浪和迫害，作为一个独立的主权国家重建后，时代论者认为这个事件是耶稣预言的巨大应验。如果这个预言真的包含两个寓意，那么就意味着，耶稣的回归必须在以色列重建后这一代人里实现。想想看，耶稣的再度降临将在几十年内实现，对以色列第一代居民来说，这一天并不遥远。

因此，时代论者的主张是什么？难道他们关于耶稣在言论中暗示了一个遥远的未来事件的假设是正确的？当然，在《马太福音》中耶稣的言论听起来像是在谈论他返回地球——尤其是当他说到“那时，人子的兆头要显在天上，地上的万族都要哀哭”，“他们要看见人子有能力，有大荣耀，驾着天上的云降临”（《马太福音》第24章第30节）。另外，从门徒提出问题的方式来看，很明显他和其他的门徒（大概也包括耶稣在内）正在讨论的不仅是希律王寺的毁灭，而且也是世界的末日！

很显然，在将《马太福音》中的芒特·奥利韦特的话跟在《马可福音》和《路加福音》中对同一事件的解释相比较之前，我们可以这样理解。一旦进行比较，我们就会发现大量的不同，这些主要的不同点足以改变我们对整个解释的看法。例如，在《马可福音》中（在《路加福音》解释中也存在），门徒只问：“请告诉我们，什么时候有这些事呢？这一切事将成的时候，有什么预兆呢？”（《马可福音》第13章第4节）。请注意，《马太福音》中叙述的“人子的到来，地上的万族都要哀哭”，无论是《马可福音》还是《路加福音》中都只字未提。

虽然这可能看起来是个细小的差别，但实际上却是非常重要的，因为只有在《马太福音》中，我们才能将耶稣的声明和末日联系起来。在《马可福音》和《路加福音》中，耶稣的回答似乎只涉及到他们面前的圣殿的未来。这样看来，《马太福音》的作者当时想必只是随意发挥了一下，或者说兀自做了些假设——对此，他应该感到羞愧。

当然，如果属实，这将不是《马太福音》作者唯一一次因为艺术性的发挥感到愧疚。他在《马太福音》中收录了很多可疑事件，这些在其他三个福音中都是无迹可寻的，也因其毫无历史依据而受到了最多的质疑。其中包括希律王下令屠杀伯利恒儿童（《马太福音》第2章第16节）。一位天使在梦中告诉约瑟夫逃到埃及（《马太福音》第2章第13～15节），耶稣死亡的那一刻，“忽然，殿里的幔子从上到下裂为两半，地也震动，磐石也崩裂，坟墓也开了，已睡圣徒的身体，多有起来的。到耶稣复活以后，他们从坟墓里出来，进了圣城，向许多人显现。”（《马太福音》第27章第51～53节）如果是这样的话，《马太福音》岂不是成了杜撰的历史书了？其程度已经不是其作者之前的“小发挥”和简单将耶稣的话换汤不换药地当成对遥远未来的预言那么简单了。

然而，更难理解的是，为什么千禧年要从40年代以色列建国之日开始，而不是干脆从1世纪耶稣做出预言的那一刻就开始呢？显然，耶稣的门徒明白他谈论的是一件将会发生在他们一生中的事，而不是在两千年后还不会发生的事。如果耶稣真的预言第三圣殿会在21世纪被毁灭，但是到那时将没有任何证据可以证明他的听众曾经“得到了预言”，这会让他因成为最糟糕的传播者而感到羞愧。

但我认为事实正好相反。耶稣知道他那个时代的政治暗流，知道犹太人起来反抗他们的罗马统治者只是个时间问题。他也知道犹太人实际上没有机会击败强大的罗马军团，他们的宗教热情会使他们聚集到圣殿做最后的抵抗，罗马人会尽力消灭他们最后的堡垒（这正发生在40年后）。因此，耶稣预测圣殿会毁在未来的几十年里，这并不能充分说明他的预言被验证，而是证明了他敏锐的政治眼光。[36]末日传教士一直设法忽略这一点，这并不是想质疑《圣经》的可靠性，而是揭示他们自己不愿回顾整个故事的历史背景（并质疑身份不明的作者“马修”在书中夸大的信仰）。

## 以色列在1948年的重建被预言到了吗？

即使我们接受耶稣关于第一世纪事件的预言在他的听众的有生之年实现了，但事实上，目前以色列的存在显得并不重要，这就不能证明《圣经》里的预言的准确性。

对于以色列重建的重要性一直很有争议。当然，可以认为这个国家从默默无闻到重建是史无前例的，但是考虑到世人对犹太人被大屠杀的情结,这样的评论是意料之中的。然而，如果说在几千年前《圣经》就预言了它的重建，这就不正确了。实际上，《圣经》中并没有以色列重建的预言或暗示。以色列的重建或许对犹太人的身份或者恢复民族团结有着重要意义，但它并没有验证《圣经》的预言，尽管时代论者希望如此。

那么，时代论者为什么会认为它有重要意义呢？他们为了支持自己关于以色列的建立标志着世界末日预言到来的论证，指出《圣经》几乎完全来自《旧约 · 以西结书》第37章。这本书大

36 此外，一些自由派学者认为，圣殿毁灭的福音是在许多事件发生后记录下来的，这表明后来的编年史家对此事件进行了逆测，也就是说，他们将真实的历史事件与耶稣预言连接起来，使得每个预言都“实现了”，从而夸大耶稣的预言天赋。

约写于2500年前，记载了上帝展现给先知以西结书关于以色列未来的景象——因为这个国家已经被摧毁，其居民流亡到巴比伦，这个景象很重要。在这个奇特的章节，先知被带到一个满是枯骨的山谷，上帝告诉他这些是已经死掉的以色列人的遗骸。上帝要求以西结对这些枯骨发预言告诉他们："我必给你们加上筋，使你们长肉，又将皮遮蔽你们，使气息进入你们里面，你们就要活了。你们便知道我是耶和华。"（《以西结书》第6节）立即"骨与骨互相联络"，"骸骨上有筋，也长了肉，又有皮遮蔽其上，只是还没有气息。"（《以西结书》第7～8节）

从这点上来说，神把生的气息注入到在他面前复活的人们中，让他们重生。以西结对这种异象的意义不明白，上帝向他解释说，枯骨代表了被征服后逃亡到巴比伦的犹太民族，他们的重生隐喻了逃亡的犹太人重返他们的家园。有些学者认为这个异象与1948年以色列的重建有关，但大多数学者提出异议，他们认为这个预言已经实现了——公元前500年左右波斯国王大流士时期犹太人重返以色列（犹太人在流浪了将近一个世纪后重返他们最初的家园）。因此，这个异象与现代以色列的重建从来没有任何关系。

然而，如果情况属实，时代论者将会面临一个巨大的问题：因为如果耶稣没有暗示1948年犹太国家的重建预示他将在那个时代回归（《马太福音》第24章第34节），那么他的预言已经实现了，这就推翻了时代论者的观点前提以及他们关于世界末日的预测。

同样的，1948年这个时间，也让时代论者非常失望，因为他们的很多预言都围绕这个，尤其是40年后（在《圣经》中称为"一代"），到1988年时，什么也没有发生。时代论者试图用各种各样的方式解释这个预言（质疑一个圣经世代的真实长度，认为应该是从1946年阿拉伯部队占领东耶路撒冷后的40年，而不是从1948年以色列建国开始，等等。）但无论何种情况，40年总是很短，这让时代论者总处于试图自圆其说的小心翼翼的状态中。

最后，可以这么说，着重强调以色列作为预言的核心部分，不管是在可信度（在这么多年后预言不能得到验证后，这让很多人不是离开了教会就是放弃了信仰）还是在基督教世界与穆斯林世界的关系上，都对教会有不良影响，而且人们理所当然地认为基督教支持以色列而反对阿拉伯政权，对阿拉伯土地被以色列占据的事无动于衷。

## 其他失败因素

以色列重建并不是世界末日言论未能通过验证的唯一部分。时代论者的另一主要观点是：作为大灾难时期的一部分（或许甚至是序幕），以色列将会受到一支“从北部来的”部队的侵犯——这被认为是由东山再起的俄罗斯领导的东欧国家联盟，这件事让敌耶稣这一神秘人物（下一章将重点讨论“敌基督”）登上历史舞台有了可能性。

这个想法源自前面提到的《以西结书》——在第38章，上帝谈到名叫“歌革”和“玛各”的人（还有很多同伙）从北方席卷而来入侵以色列。时代论者一般将其解释为：这些古称谓代表着现代国家，他们注定有一天要入侵以色列。换句话说，一些《圣经》评论家猜测，歌革和玛各就是对苏联的隐喻，而其他“同伙部落”则代表东欧、中东及非洲盟国。

然而，大多数现代学者并不同意这种解释，因为在不同的世纪，国家和地区有不同的称谓，所以不能完全确定这些部落到底代表了哪些国家。但可以肯定，它们代表的是以色列的入侵者，而不是现代的俄罗斯。比如，歌革和玛各可能指的是塞琉西王朝的人，这个王朝曾在公元前4世纪入侵以色列并统治了这个国家200多年。

不幸的是，如果不了解这个地区——在漫长和血腥的历史中，这块土地上发生的众多侵略和战争——只考虑到20世纪后半叶的地缘政治气候，那么关于苏联和其同盟国或许会试图侵略中东的想法也许是合理的。不过，以色列将有一天被“来自北方”的联盟者侵略的说法，为现在和末日真正来临的那一天预留了很大一部分空间，至少不会像20年前的预言那样，来得那么急迫。

## 罗马帝国的重建

在时代论者中比较流行的另一种想法是，在大灾难时期，古罗马帝国将复苏，并成为世界的首都和敌基督的基地。这个想法可以从《旧约·但以理书》中找到很多证据，其中的第七章，先知描述了他的一个梦，他看到了从海里浮现出来一系列不寻常的生物：第一个像是狮子却有着鹰的翅膀，第二个像是口中衔着三根肋骨的熊，第三个像是有四双翅膀和四个头的豹子，第四个最可怕，是一只长着10只角的野兽，“这角有眼，像人的眼，有的说夸大的话。”（《旧约·但以理书》第7章第8节）世界末日论的支持者都认为前三种动物象征了早期历史上的帝国（巴比伦，波斯，希腊帝国），大多数人说第四种动物比喻一个尚未实现且比先前三个更为强大、更为恐怖的帝国。

事实上，时代论者认为这只野兽象征的是敌基督者在大灾难的第一天建立的王国。实际上，他们把这解释为由一个“超级独裁者”完全控制和领导的欧洲国家联盟。

随着1957年欧洲经济共同体的正式成立（《罗马条约》），尤其是1973年欧洲经济共同体将要接纳第十个成员国时（《但以理书》观点中的“第十只角”），这个解释很快得到赞同。

然而事情立刻出现了转变，马上就要成为第十个成员国的挪威却反对结盟，这使欧洲经济共同体一直到20世纪80年代都只有9个成员国。后来，三个国家——西班牙、葡萄牙和希腊加入进来以后，才摆脱了“10”的困扰。

现在欧盟有27个成员国（1993年《马斯特利赫特条约》生效后，才有了“欧洲共同体”这个新名称），这无疑挑战了古老的预言。而且，它似乎一点也不像但以理所预见的那样，是一个可怕、强大的野兽，它主要是一个经济联盟，而不是一个真正的军事和政治联盟。

尽管这个联盟到底有多大的广泛性和有效性还需继续观察，但是它看起来好像既不太可能达到但以理的愿望，也不太可能成为时代论者所期望的唯一的世界领导者。但是，不管这个希望多么渺茫或者荒谬，都不能阻止许多人继续抱有希望，认为有一天它将真正变成预言中的野兽。

那么，如果不是强大的欧盟，这最后的野兽又是代表了什么呢？尽管没有很大把握，许多学者还是认为这个野兽——至少一部分——出现在罗马帝国，在那时罗马帝国会成为所有国家中最大、最恐怖的政治和军事实体。当然，“十只角”代表的意义引起了一些争论，而但以理只是用生动的形象简单地描绘了他生活的年代中出现的所有最强大的帝国，这似乎要比说他预见了未来二十世纪现代欧洲帝国更加合理。[37]

## 第三圣殿的争议

时代论者教义的另一个主要成分也可以在《但以理书》中找到：古圣殿的重建，旧摩西律法的重建以及古代犹太仪式的恢复，动物祭献，这些都被认为在耶稣回归之前能够实现，而且敌基督者将出现。在《但以理书》第9章第25～27节中，先知说：

> 你当知道、当明白，从出令重新建造耶路撒冷，直到有受膏君的时候，必有七个七和六十二个七。正在艰难的时候，耶路撒冷城连街带濠都必重新建造。过了六十二个七，那受膏者必被剪除，一无所有，必有一王的民来毁灭这城和圣所，至终必如洪水冲没。必有争战，一直到底，荒凉的事已经定了。一七之内，他必与许多人坚定盟约；一七之半，他必使祭祀与供献止息。

37　附带说明，有趣的是，但以理在罗马帝国出现前几世纪预见了它的崛起，这意味着但以理的预言天赋。至少在这个事情上是值得肯定的。但是，这要看但以理书的实际创作时间。传统上一直认为这本书写于公元前6世纪（远早于罗马成为一个政治强国）。然而，许多现代学者——既包含犹太教也包含基督教，认为它可能写于公元前二世纪，那时罗马已经在欧洲建立了相当完善的军事和政治力量，这使但以理的预言不再那么引人注目。

那行毁坏可憎的如飞而来，并且有忿怒倾在那行毁坏的身上，直到所定的结局。

我和你有同样的感受，认为这些篇章很迷惑人，它们看起来与公元前7世纪被巴比伦王国毁灭的所罗门圣殿将在第70“周”被重建的想法有联系，这时，古老的犹太教仪式和祭祀也要被恢复。然而，在最后，有些人将成立一个“行毁坏的可憎之物”，它将被上帝毁灭。

“七（周）”被时代论者重新解释为年，使这一时期相当于490年（取决于希伯来年360天的长度，而不是我们今天的365天）。尽管并不完全确定，“受膏者”同样也被现代学者解释成了弥赛亚。另一个人的身份——在圣殿里设立“行可憎毁坏之物”的那个人——也不确定，也许被时代论者解释为带来世界末日的敌基督。这种解释就是说，圣殿是尚未实现的未来建筑，是耶稣回归的必要因素。

问题是这个预言得到了历史性的实现。首先，如果根据传统说法，但以理在公元前500年左右写下他的预言（尽管现代主义者认为晚于这个时间），他将很容易说出发生在犹太人从巴比伦流亡回归不久后圣殿的第二次重建问题。尚不明确的是，这第二次重建的圣殿是一座真正的建筑，还是仅仅代表了犹太人以前的祭祀仪式，或者代表了希律王为了接受其臣民的善意而在公元前19世纪建造的宏伟殿堂呢？（这座殿堂存在于耶稣时代）

如果我们认为但以理的七十周暗喻了是它的70倍之久的时间跨度（490年），这似乎暗示希律王的圣殿很大程度上与但以理的预言相符。因为从公元前500年——犹太人从流亡到回归以色列的时间——到希律王完成他伟大圣殿的公元前19年，正好大约

490年。当然，如果这真是但以理所讲的意思，那这预言真是令人印象深刻的壮举（不考虑《但以理书》真正的写作时间）。

然而，希律王圣殿并不是时代论者要寻找的。他们希望但以理的预言会应验在一个尚未建造的未来的圣殿，他们要让但以理那能运转70周的时钟在第69周的时候就停下，直到世界末日来临才能转到第70周，也就是最后一周。因此，他们认为既有希律王圣殿，也有预测中的那个未来圣殿。但以理从未说过时间可以停止，那么时代论者是怎么做到让时间停止的呢？我们就不得而知了。

但是，但以理预言到了“受膏者”以及“剪除”受膏者的大恶人，这是暗示存在于未来的圣殿吗？不一定，因为有很多《圣经》学者认为受膏者和反对他的人隐指古代历史中的两个人：犹太教/军事领袖犹大·马加比和塞琉西王安条克·伊比法尼斯。

《但以理书》第9章第一部分可以解除迷惑：受膏者和犹太教弥赛亚是同义词。不过，基督教徒却把弥赛亚理解为神的化身，与耶稣基督相关（耶稣相当于希腊语的救世主）。然而，犹太人对这个词在不同的时代有不同的理解。对他们来说，弥赛亚不是神明派来的使者——来取消上帝与他的破碎世界之间的“罪恶之债”，从精神上救赎祷告的人——而是由上帝特别受膏的将复兴以色列王国昔日辉煌的勇士之王。这样，大多数犹太人认为弥赛亚就是他们正在寻找的一个解放者，或者更确切地说，是跟约书亚、基甸或者大卫王一样的指挥官。

关于犹大·马加比这个人，今天的大部分人对他知之甚少。他是犹太人叛军司令官，在公元前167年成功地领导了反抗塞琉西帝国的战役，被称为犹太历史上最伟大的勇士之一：不仅仅因为他和他的兄弟们以少胜多，对抗强敌，把塞琉西人驱逐出了以色列，还在于他建立了一个存在一世纪之久的独立王国以色列。因此从生活在公元前2世纪的以色列人的角度来看，犹大·马加比就是救世主——预言中的“受膏者”——这样，但以理的预言就实现了。

至于马加比的对手，他是以色列人，塞琉西领导者安条克·伊比法尼斯。他以高压政策统治以色列，并且通过偶像崇拜来同化异教徒，最终犹太人在自己的圣殿和圣地爆发了叛乱，将他打败。安条克·伊比法尼斯于公元前164年在一次远离以色列的军事行动中病死，他的死亡使马加比的胜利成为可能，如果结合但以理隐晦模糊的语言，就可以看做那个预言在历史中已经实现了。

这里需要解释的一个问题是，但以理的预言似乎暗示，受膏者和“那行毁坏的可憎之物”将会在七十周的末尾遇见，然而，犹大·马加比和安条克·伊比法尼斯却是早于希律王圣殿建成一个世纪前的人物。如果我们要与但以理的七十周（490年）时间表保持一致，看起来就要把他们从主角人选里排除掉了。

然而，还有另一个可能的解释，它与拿撒勒人耶稣和另一个古代历史上有名的人物彼拉多有关。根据一些学者的观点，但以理提到的“受膏者”或许真的是耶稣基督，而“那行毁坏的可憎之物”是彼拉多的绰号。在彼拉多统治期间，曾犯过一个错误，那就是命人将各种规范贴在了圣殿上。这些罗马异教徒的各类规范被人们理解成了膨胀的偶像崇拜，也有人认为这是对圣殿的侮辱。这件事引发了犹太人的大动乱，甚至是暴乱，最终迫使彼拉多松口，废除这些规范，努力恢复秩序。这样，“那行毁坏的可憎之物”或许是彼拉多把“可憎之物”放到“神殿”行为的一种代码，当这座城由提图斯罗马军团建立的时候，他的国民最终要为“造成荒凉的城”负责。

不论是哪种情况，即使只是对但以理的预言的深入剖析，都会对整个世界末日预言带来不小的冲击，从而进一步削弱时代论者的观点。那是否就证明他们的预言是无效的？这仍有待观察。不过，鉴于这么多人仍然坚信他们的末日预言，我怀疑即便是铁证如山的历史事件，也不一定能改变他们的思想。

## 结论

虽然这种不负责任的解释可能对大多数的《圣经》诠释者无害，但到千禧年论者手中就危险了。他们从《圣经》经文里断章取义，策划出一个完整的世界末日场景，忽视了许多事件可能在历史中已经发生，从字面上解释寓意形象。他们描绘的未来非常黑暗，使人不知不觉感到恐惧和沮丧。虽然应该承认这样的场景比历史事实更让人激动且影响更大，但这并不是说传教士有权通过传播《圣经》中黑暗和暴力的世界预言来吓唬他们的信徒。牧师们有义务宣扬真理，不管真理与他们自己的预言有多大的冲突。如果无视这些事实，不仅是说不通的，也是对充满仁爱的上帝的伤害。

然而，末世论者最大的错误，也是我认为的对教会最大的迫害，是他们对末日学说的叫嚣背后的真实意图。如果那些牧师一直以来描绘的事情真实无误地出现，他们能预测到在地球及其居民身上会发生什么事情，那么想想吧，他们的上帝有什么用呢？世界末日鼓吹者告诉我们，耶稣即将返回地球来拯救他的信徒，以免他们遭殃，让地球其余的约60亿人（去掉几亿基督信徒）自生自灭。他们还告诉我们，上帝将要给地球制造7年的瘟疫，让人类反省其邪恶；耶稣将回地球来，再次被绑在十字架上钉死，以此来使几十亿的地球居民免于灾难，在死者的尸体上建立一个慈善和平的帝国星球。

宣传这些的人将不会遭受此灾难，但这似乎不符合上帝的爱民观念，也不是《圣经》上所描绘的耶稣形象。相反，我们看到的是一个愤怒的神，更令人费解的是这个愤怒的、苛刻的救星与《新约》所描绘的爱和同情的使者完全不同。即使是最坚定的基督教徒也不敢说他们喜欢这样的神，即使他们认为这种行动可能是必要的，也不会接受末世论者所描绘的这个残酷的现实，而且这也缺乏逻辑。上帝认为有必要杀害几十亿人，使地球变成废墟而让人类忏悔，这种想法也完全不合逻辑。是的，可以通过恐吓和威胁来取得盟友，但这些都是表面上的，只要有导火线就会分裂。难道衷心的皈依能通过酷刑来实现吗?

这种笨拙的手法对一个无所不能的上帝来说实在不值得，他肯定有其他更温和的方法。

最后，如果承认他们的结论合乎逻辑，哈尔·林赛、蒂姆·拉海伊、杰克·范·因母佩以及一群末世论者所描绘的时代末日的景象，实际上使上帝成为邪恶的主谋：上帝起初放任撒旦肆虐地球，千年结束后他再次释放他出来破坏地球。根据《启示录》，显然上帝完全控制着撒旦这邪恶的化身，放他回来，让他大肆破坏并诱惑几十亿的人跟随着他作恶多端，遗臭万年。这难道不是说撒旦不过是上帝的傀儡，造物主才是屠戮者的真正主谋吗？想想这多可怕，记住：是上帝的天使打开了7个条幅导致所有的灾难降临到地球；是他自己的意愿，既束缚又释放了撒旦；也是他自己的意愿使他所创造的人类被诅咒——这些我们都必须意识到。

显然，如果以上都是真的，在《启示录》中，上帝才是毁灭人类的主谋而不是撒旦，也不是敌基督者，更不是人类。不管他们是否能够或愿意承认，这就是基督教的末日传教士传递的真正信息。他们声称上帝是好的，但是如果他们宣扬的末世论是正确的，上帝实际上比那条毒蛇更邪恶。实际上撒旦可能是“好”的化身而上帝则是毁灭这个“好”的破坏者，这就让我们很难理解上帝的好。当然，这些完全是无稽之谈。上帝是爱的化身，他存在于这个光明而充满爱的世界。是他的一些错误和愤怒的追随者无意中使他成为《启示录》里的恶棍。也是他们通过自以为是的意气继续探索上帝给人类的爱。

耶稣或许有一天将会像他的信徒说的那样返回地球，但是我相信，如果他回来，也是一个宽恕陷入黑暗世界的人们的慈悲天子，而不是一个故意杀害敌人的得胜英雄。上帝是终极的医治者，谁还会比这位在地球生活过一段时间、最终为了使我们能更好地理解真爱而死去的神明，更好地理解人类呢？

# 第十章

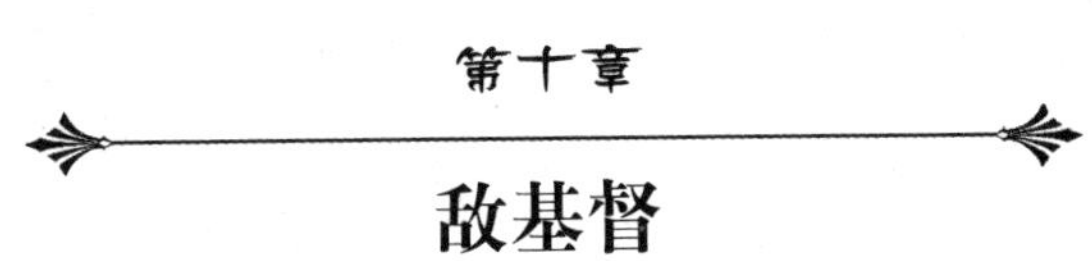

# 敌基督

如果事先没仔细研究与末日息息相关的这个重要人物，任何以《圣经》中世界毁灭为主题的预言都不完整，这个人就是在《圣经》和好莱坞电影中频频露面，神秘又可怕的“敌基督”。

也许你不熟悉这个人物，敌基督有时也被称为“《启示录》中的怪兽”或“毁灭之王”，通常被赋予政治或宗教色彩。他总是在末日的前一刻出现，因此他的登场就是地球毁灭的开始。还好，地球目前还健在。他被公认为是狡诈邪恶的角色，撒旦赋予他超自然的力量（不清楚他这种超能是因为被魔鬼附身还是由他的同盟和黑暗之王共同赋予的结果），借此蒙骗民众从而进一步获得不可战胜的力量来操控世界，至少使世界的大部分处在他的掌控中。

尽管敌基督频频出现在有关世界末日的预言中，但有意思的是在《圣经》中这个人物的名字只是被提过几次，而且还是在两个鲜为人知的版本中。具体是在约翰的第一和第二封信中，至于信的作者，一些人认为是约翰确实存在的弟子，但是大部分学者认为无从考究。信是这样写的：

> 小子们哪，如今是末时了。你们曾听见说，那敌基督的要来。现在已经有好些敌基督的出来了，从此我们就知道如今是末时了。（《约翰一书》第2章第18节）

奇怪的是，这部几乎写于2000年前的《圣经》，好像暗示了敌基督并不是要在未来出现，而是已经存在很多年了。而且在随后的信中，他说这些敌基督并不是政治或宗教角色，而只是喻指任何反对基督教教义的人。

> 谁是说谎话的呢？不是那不认耶稣为基督的吗？不认父与子的，这就是敌基督的。（《约翰一书》第2章第22节）
>
> 凡灵不认耶稣，就不是出于神，这是那敌基督者的灵。你们从前听见他要来，现在已经在世上了。（《约翰一书》第4章第3节）
>
> 因为世上有许多迷惑人的出来，他们不认耶稣基督是成了肉身来的，这就是那迷惑人、敌基督的。（《约翰二书》第1章第7节）

那么，显而易见，说敌基督是某种具有超能力的世界统领这一说法并不被基督《圣经》所认可。当这个词被提到时，它总是用来指代那些不信上帝的人或一种反教的态度。

当然，世界上绝大多数人都不信奉拿撒勒人耶稣，这就说明有数以亿计的敌基督遍及全球，这样一来就有些恐怖的味道了。而且很有可能，《圣经》编写者自己也认为有人正在教堂里传播错误的福音并且否认基督的神圣和复活。这些人可能的身份没有被提及，不过他们明显是与作者同时代的人，而非什么将来的超级统治者。

然而，《圣经》中还提起一个人，而这个人是以另外一个称呼出现的，就好像他就是为世界末日而生的。这人被简单地叫为"野兽"，第一次在《启示录》的第11章出现：

> 他们作完见证的时候，那从无底坑里上来的兽必与他们交战，并且得胜，把他们杀了。（《启示录》第11章第7节）

此处对这个角色的描述不多，不过作者（传统的观点认为作者是约翰的弟子，不过最近的观点倾向于认为是同名同姓的另外一个人）在第13章花了很多的笔墨，他写道：

> 我又看见一个兽从海中上来，有十角七头，在十角上戴着十个冠冕，七头上有亵渎的名号。我所看见的兽，形状像豹，脚像熊的脚，口像狮子的口。那龙将自己的能力、座位和大权柄都给了它。我看见兽的七头中，有一个似乎受了死伤，那死伤却医好了。全地的人都希奇跟从那兽，又拜那龙，因为它将自己的权柄给了兽，也拜兽说："谁能比这兽，谁能与它交战呢？"

> 又赐给它说夸大亵渎话的口，又有权柄赐给它，可

以任意而行四十二个月。兽就开口向神说亵渎的话，亵渎神的名并他的帐幕，以及那些住在天上的。又任凭它与圣徒争战，并且得胜。也把权柄赐给它，制服各族、各民、各方、各国。凡住在地上、名字从创世以来没有记在被杀之羔羊生命册上的人，都要拜它。(《启示录》第13章第1～8节)

这个幻想的角色实际上暗指政治或宗教的人物，那么会是谁呢？《启示录》的作者接下来给了我们线索：

我又看见另有一个兽从地中上来，有两角如同羊羔，说话好像龙。它在头一个兽面前，施行头一个兽所有的权柄，并且叫地和住在地上的人拜那死伤医好的头一个兽。又行大奇事，甚至在人面前，叫火从天降在地上。它因赐给它权柄在兽面前能行奇事，就迷惑住在地上的人，说："要给那受刀伤还活着的兽作个像。"又有权柄赐给它，叫兽像有生气，并且能说话，又叫所有不拜兽像的人都被杀害。

它又叫众人，无论大小贫富，自主的、为奴的，都在右手上或是在额上受一个印记。除了那受印记、有了兽名或有兽名数目的，都不得作买卖。在这里有智慧。凡有聪明的，可以算计兽的数目，因为这是人的数目，它的数目是六百六十六。(《启示录》第13章第11～18节)

然而，事情发展到此，人们开始费解了，《启示录》的作者好像说曾经有第二个"兽"，服从于第一个。这个怪兽随后以假先知被提及（《启示录》第16章第13节，第19章第20节和第20章第21节），以第一个大怪兽的侍卫身份出现，这让一些人推测这个怪兽是一个纯宗教角色，然而怪兽在本性上却几乎完全是政治化的。在任何的情况下，他们都是以力量和危险的结合体出现。

那么这怪兽指谁呢？更重要的是，他是过去的历史人物还是现今就存在于地球上（抑或出现在不久的将来），就像众多的世界末日的传道者所宣称的那样？

不幸的是，这种不确定性导致一些人玩起猜猜谁是敌基督的游戏，结果是，从某种程度上几乎历史上所有重要的政治和军事领袖都能与敌基督拉上关系，给社会带来了危害和暂时性的混乱。希特勒、拿破仑、萨达姆以及斯大林都曾被认为是候选人，直到他们死后才得以平息。

20世纪30年代意大利的独裁者墨索里尼也因他的意大利血统一度成为炙手可热（据说敌基督来自罗马）的人物，但最终他的形象还是与敌基督相差甚远而很快被人淡忘。甚至连美国总统里根也因为名字的原因被提名，他的名字有三部分，而每一部分都是六个字母，与《启示录》中对怪兽的描述相吻合。

但是在过去的那么多年中，被冠以“敌基督”这一绰号的人物，在认可度和影响力上没有一个能与罗马的教皇相媲美。16世纪的新教改革之后，文艺复兴时期几乎所有新教改革者都把教皇当作敌基督，他们还把矛头指向牧师，这种风气甚至延续至今。此外，许多教皇证明自己是接近完美的人，特别是在人们认为圣彼得教堂才是宗教裁判所和焚烧女巫这类罪行的始作俑者时，这一言辞经常可以成为安全带。

然而，幸运的是，至今也没有一个人像这本神秘的《启示录》中所描绘的那样，能成功地稳坐权力的宝位。这些教皇无一例外地在还没有扼杀继任者的情况下就死去，因而他们的名字也不断地从敌基督的候选单上删去。不过仍然有人认为罗马教皇是第一候选人，有资格弥补这一缺位。

当然，确认这一角色的身份，还只是问题的一部分。无论一个人能力有多超凡，魅力多大，感染力多强，他都无法让地球上不同语言、不同种族和不同社会结构的众多民族都追随他。即使历史上能力最强的领袖也是如此。这就很好地证明了一种想法的无知性：单靠一个人，可以统治整个欧洲（这种想法来自于一些《圣经》预言家）。

但是如果敌基督或者说怪兽并不是一个实实存在的人，且在将来某个时间出现，那么对这个角色的记载不就没有意义了吗？

也不尽然。支持敌基督会带来末日的预言都犯了同样的错误，就是认为预言中指的这个人物来自遥远的未来。然而，如果《启示录》的作者所说的这个人物并不是尚未到来，而是在他记录这些文字时已经存在了呢？换句话说，《启示录》中的怪兽不是出现在21世纪，而是在《创世记》（一世纪）就已经确实存在了。

但是，这个人会是谁呢？而且，为什么《启示录》的作者不直接指名道姓呢？答案在《启示录》的第13章第18节，在这里作者用模糊的语句点出了此人的身份：

> 在这里有智慧。凡有聪明的，可以算计兽的数目，因为这是人的数目，它的数目是六百六十六。（《启示录》第13章第18节）

那么这个数字意味着什么呢？又为何只用一个数字呢？

第二个问题答案很简单。如果《启示录》的作者直截了当点名此人身份，一旦这人拥有巨大的权势，作者势必会被追捕并因为他胆大妄为的言辞而被处死。因此，为了保护自己以及他的读者免遭迫害，他只好以这种隐晦的方式让读者能够自己琢磨出来，同时也让那些怀疑者无线索可寻。因为在古代的字母表中，每个字母都有对应的数值。

好了，那么作者到底影射的是谁呢？为了揭开这个谜，首先有必要分析写这本书时的政治环境。一般认为《启示录》写于一世纪末，据一些学者推测大约是公元96年，但是最近的一些证据显示这本书写于更早的公元65到70年。

现在，重要的是要意识到，如果《启示录》写于更早的时候，那么可能就写于尼禄对犹太基督徒迫害最为严重的时期。要知道那时很多基督教堂是由犹太人组建的，犹太人生活在恐慌中，时常遭到罗马统治者的追捕。所以就是在这样的环境下，一些犹太基督徒可能出于自我保护而匿名写作，通过宣传他们的敌人最终会下台并遭到上帝的审判，来鼓励早期的基督徒。总而言之，《启示录》就是这样一本书，它告诉人们“上帝很快会处置那些迫害你的人”，目的是为了帮助教徒忍耐他们当时所遭受的迫害。

那么，怪兽就是作者不能直接点明的、造成迫害惨剧的幕后主使。而且作者必须隐藏敌人的身份。综上分析，那么只有一个人符合标准。这个敌基督肯定就是罗马统治者，《启示录》中的怪兽。他就是令人害怕又遭人痛恨的暴君尼禄。

## 尼禄研究

我是怎么推算的呢？

首先，尼禄是第一个纯粹因为基督徒信仰而迫害教徒的君主。公元64年，尼禄下令火烧基督徒，这种暴行肆虐全国。（有人说这是为了重建机构而进行的财产清算重整）。在接下来的三年中，尼禄又将成千上万的基督教信徒钉死，烧死，更残忍的是在体育场让野兽将他们撕成碎片并以此取乐。如果这是真的，那么用怪兽暗指尼禄就再合适不过了。

我前面已经提过，直接将任何一个君王比作野兽，这种做法从政治角度来说是非常不明智的。只要被发现有影射拥有至高权力的君王的毁灭和下台这样的文稿，就足以让一个人遭受牢狱之灾，性命不保，因此这样的文章必须以隐喻的方式书写，才能让作者和读者避免罗马司法机关的审判。而在那个年代，作者又必须以既定的方式书写，才能让他的读者不难推算出这个怪兽到底是谁。因此，如果正确地操作，那么只要将一个人名字中的所有字母所代表的数值全部相加，就知道他是谁了。

幸运的是，这并不难操作，因为那个时代字母都有各自的数值，就像今天的罗马数字仍然有自己的数值一样（I=1，V=5，X=10，等等）。而且，像拉丁字母、希伯来字母都也有各自的数值，第1个到第9个字母代表1到9，第10个代表10，第19个代表100，等等。

因为《启示录》的作者可能是犹太人，所以毫无疑问他会用希伯来字母表中的数值来向大部分是犹太籍的读者暗指那个君主，虽然他是用希腊语写的《启示录》。此外，他可能用希伯来语音来暗示那个人，内龙·凯萨尔（尼禄·凯撒）或者就是简单的尼利·克瑟（nrwn qsr）（因为希伯来语中没有元音）。因此，当我们把尼禄名字中的字母重拼成希伯来语，就会得到如下结果：n=50，r=200，w=6，n=50，q=100，s=60，r=200=666。[38]这样一来就一目了然了，《启示录》中作者暗指的那个人正是第一个反基督的暴君：尼禄·凯撒。

不幸的是，虽然《启示录》的作者已经隐晦地提及666且暗示这个怪兽是谁了，但现在一些宣扬《圣经》末日的人却忽略了这个确切的答案。这个问题引起了争议，一些宣扬世界末日的狂热者宣称，怪兽的数目是三个“6”，然而实际上《启示录》中的数字是六百六十六，这一点的小小差别就引起了巨大的争议。

## 对怪兽印迹的解释

然而，《启示录》中描述的为了买卖在人们的手臂或额头印

38　一些希腊语的《新约》中是616而不是666，但是这可能是因为《启示录》被翻译成拉丁语。可能某个拉丁语翻译员认为如果翻译为拉丁语，那么尼禄·凯撒在拉丁语拼写中字母对应的数值加起来不是666，而是616。所以为了在拉丁语中解释得通，他就把这个数字改成616，因为大家都心知肚明那个怪兽就是尼禄。要么就是希伯来语的666在拉丁语中拼写出来就是616。

上一个数字的内容又是为什么呢？[39]这与将"尼禄"音译成希伯来语所对应的数值之间有什么关系呢？这是不是暗示一些远古时建立的经济体制在尼禄统治期被废除了？

我承认基督教经文中的这一处是多年来给我带来巨大困惑的源泉。它好像反对用数字简单地暗指统治者尼禄，而这也给那些支持世界末日的人提供了他们急需的依据。然而，有一天我无意中看到《圣经》中一段相当晦涩的诗，它几乎令我震惊。这诗出自《圣经·旧约》，《出埃及记》第13章第11～16节中，这样写道：

> 将来，耶和华照他向你和你祖宗所起的誓，将你领进迦南人之地，把这地赐给你。那时你要将一切头生的，并牲畜中头生的，归给耶和华；公的都要属耶和华。凡头生的驴，你要用羊羔代赎，若不代赎，就要打折它的颈项。凡你儿子中头生的都要赎出来。日后，你的儿子问你说："这是什么意思？"你就说："耶和华用大能的手将我们从埃及为奴之家领出来。那时法老几乎不容我们去，耶和华就把埃及地所有头生的，无论是人是牲畜，都杀了，因此我把一切头生的公牲畜献给耶和华为祭，但将头生的儿子都赎出来。这要在你手上作记号[40]，在你额上作经文，因为耶和华用大能的手将

39　有人从字面上解释，认为人们会永远将666这个数字印在手臂或额头上，而一些人认为这是一个个性化代码，可以通过一个特殊扫描仪读取到。一些人甚至认为这可能是嵌入人们手臂或额头的微芯片，包含一个人的所有私人信息（或者是一个追踪装置）。无论是以上何种情况，一个人离开了这个代码很难生存下去，有了它就等于在精神上自杀。

40　现在的一些译文译为"他就像长在你手上或眉宇间的痣"，我个人认为这个更清晰易懂。

我们从埃及领出来。”（《出埃及记》第13章第11～16节）

但是，《出埃及记》中的这段文字是什么意思呢？虽然不是很清楚，不过好像暗指：杀掉第一个出生的雄性牲畜来供奉上帝以铭记他的恩德，这样做就等同于“在手上或额头烙上一个标志”。显而易见，这个标志只是一个说法，并不是真正的烙印，而是一个隐喻。这样一来就清楚了，手代表工作，而额头指代心灵。因此，这段话就有了合理的解释：让以色列人不但要把上帝时刻挂在心上，还要在用双手劳作的时候也想着他，刚刚提到的祭祀仪式也是提醒牢记上帝的一种方式。

此时我也注意到《出埃及记》的第13章第16节和《启示录》的第13章第16节非常相似。这恐怕不纯粹是巧合吧？[41]会不会《启示录》中类似的段落也暗示着同样的意思，只不过这个标记象征的是上帝的敌人？换句话说，这不仅仅只是手上或额头上的标记，而是喻指那些支持甚至鼓励尼禄迫害基督徒的人？

当然，关于迫害还有一方面要注意，就是信教者一般很难出卖自己的信仰，也就是说他们不能简单地放弃自己的宗教信仰而去崇信统治当局的信仰。那么，《启示录》中第13章第16节中暗喻影射的如果不是那些反对“神”的教会的人，即在经济上（他们双手的劳作）和政治上（额头的标志象征他们的心灵）支持罗马君主统治的人，还能是谁呢？

41　注意，还有一点惊人的相似：虽然这两本书的书写时间相隔几百年，但是这一段都在同一章的同一节出现。

## 结论

如果尼禄真的是《启示录》中传道者约翰所预示的敌基督，那么这就给那些宣扬世界末日的人带来大麻烦了。首先，那个受人瞩目且被有关世界末日预言无限追捧的怪兽标记，只不过是一个暗喻——来影射一世纪那些支持尼禄摧毁基督教的人，并不是将来某种控制经济的高科技手段。其次，如果《启示录》第13章中暗指的是一个死去已久的罗马君主，那么就是说末世论的精髓和众多世界末日“剧本”的主旨（以及一些以这个主题为基本素材的畅销书）完全是危言耸听，从一开始就是假的，这会给今天几乎所有的与世界末日有关的文字带来极大的冲击。最后，指明怪兽是尼禄，几乎摧毁了所有在基督徒中备受欢迎的以世界末日为主题的“剧本”。更糟糕的是，《启示录》本身的奇异想象和模糊的象征让千禧年前论者再也没有机会登上舞台上演他们的“世界末日剧”。

我想不出有任何东西可以挑战人们相信《圣经》准确无误的信念，或者他们至少有可以正确解释《圣经》的信心，这正是问题的所在。也许上帝不想让我们预知未来，现在流行的末世论正是他用自己的方法向世人展示：要预测未来是徒劳的。抑或他在告诉我们尽自己所能好好地生活，总有一天当我们离开这片土地时，就知道将会发生什么、遇到什么了。我总是在想，两千年来，上帝的实际行动远比《圣经》里记载的要多得多；而从《圣经》作者去世到现在的时间跨度，也比全球大部分国家的历史要长得多。我提供给大家的只是一个看法，但或许值得您思考。

第十一章

# 世界末日的真实情景

仔细地看看那些关于过去或未来的世界末日预言（通常会发现它们要么力求描述准确，要么想显得真实可信），就会很容易破解这些预言——我们正处在毁灭的边缘，而且还步步走向毁灭——可能是一个错误。我们不能仅仅因为事实证明了预言家对世界的预言是站不住脚的，就认为地球对灾害是免疫的。事实上，两种因素——自然的和人为的，都确实能将众多占卜者喜爱的世界末日变为现实，因此，我们不能认为现在关于世界末日的预言是无稽之谈，甚至错误地认为这些预言永远是错的。这样做等于助长了那些狂妄追寻人类迅速灭亡的人的气焰，而且这也极具危险性。

那么，未来究竟有多危险呢？要回答这个问题，最好先审视一下我们目前所面临的危险，从而确定我们到底应该有多少担忧。通过一种现实的、理智的方式评估每个威胁，我们就有希望缓解目前的恐惧，如果这些威胁仅仅只在理论上存在，那么就要以一种更加坦然的方式去面对。下面的取样分析并不会以某种可能的特定顺序出现，也不可能包含某天地球所面临的所有威胁，但却足够帮助读者权衡我们面临的威胁和在每个威胁下生存的状况。

## 造成世界末日的自然因素

毁灭性的机制有两类：自然的和人为的，每一类都包含着一系列足以摧毁整个人类文明的危险，至少也能让人类回到石器时代。如果能清楚地认识到我们现在所谈论的每个威胁都有可能毁灭地球文明，就能确定每一个威胁引发世界末日的威力。换句话说，世界末日若能到来，发生的灾难必须能摧毁整个自然界以及彻底毁灭全人类而不仅仅是摧毁人类文明。

幸运的是，只有少数力量能达到这种程度。为了清楚地了解这些力量可能会是什么以及它们的破坏力有多大，可以参看下面的表格，里面列出了一些被公认为最有能力摧毁地球文明、所有的生命（不仅仅指人类而是指所有存在于地球上的生命）和地球环境的威胁，按威力大小分为五个等级（一级的威力最弱，五级的最强）。

## 全球毁灭力量

| | 毁坏力/影响程度 | | |
|---|---|---|---|
| | 地球文明 | 所有生命 | 环境 |
| **自然因素** | | | |
| 地震 | 1 | 1 | 1 |
| 海啸 | 1 | 1 | 1 |
| 超级火山大爆发 | 1～3* | 2 | 4 |
| 行星撞地球 | 5 | 4～5 | 4～5 |
| 全球气候变暖 | 2～3* | 2 | 3～4 |
| **人为因素** | | | |
| 传统的世界大战 | 1～3* | 1～2 | 1～2 |
| 核战争 | 4 | 3 | 3～4 |
| 生物攻击 | 5 | 4～5 | 1～2 |
| 工业污染 | 1 | 1～3 | 3～4 |

注释：1=无影响或轻微影响 2=一般程度的影响 3=中等影响/较大毁坏 4=较大影响/巨大毁坏 5=巨大影响/彻底摧毁

* 破坏力的程度依据对社会进步和技术水平的影响力而定

从表中我们可能马上会注意到，人们一直视为来自上天惩罚的这些自然灾害，不管是在摧毁人类文明还是毁灭地球生灵上，威力都很小。比如说，地震，即使是震级很高的，也只是地方性灾难，充其量只是毁灭当地一些不结实的建筑物或改变河的流向，但是对震区以外的地方几乎无丝毫影响。地震波（往往被误称为潮汐）也是这样，其威力不过是沿海岸线绵延数英里，只够摧毁一个沿海城市，整个人类文明却毫发未伤。即便是最大的海啸在登陆后也会失去冲击力，其势头仅够让它们向内陆推动几英里，然后便会因自身的重力减弱而迅速瓦解，退回到海洋中去，通常来不及对广袤的大地及周遭的人们带来毁灭性的灾害。另外，海啸像地震一样，都是地方性灾难，因为它们的破坏力受到地理环境和其他海洋因素的限制。就是说，即使一个超强的海啸群也无法摧毁地球文明。

## 火山

火山，又一个公认的陆地杀手，破坏力要强一些（特别是对环境），但是无论它的喷发力有多强，也无法危及地球文明。地震、海啸，甚至是最强的火山喷发也不过是地域性较强的灾难，只是对以火山喷发点为中心的方圆几十英里的城市和居民造成影响。当然，这还不是因为它的熔岩流本身造成了毁坏，是因为它将数以百万吨计的火山灰喷洒到高空，改变了离喷发点几百甚至几千英里以内的气候。尽管在短期内造成很大破坏，但对天气的影响通常是短期的而且没有特别的危险性。

然而，有两种情况能给地球从整体上带来巨大的麻烦，虽然不是灭顶之灾。第一种是，一系列的大火山在一定的时间内同时喷发，那么它们的合作用力会严重威胁全世界范围内的作物生长，造成食物短缺，从而引发社会的大动荡。另外一种就是，地球遭受了所谓“超级火山”[42]的喷发——威力大到足以影响地球环境几十年，甚至能摧毁它所处的整块大陆。

这个“超级火山”并不是假想的神话。我们的地球在地壳活动期曾经多次遇到这样的大喷发。幸运的是，这些大喷发比较罕见（至少就目前人类存在的时间上而言），火山学家目前能确定的最近一次的超级大喷发，发生在距今26，000年前新西兰的陶波湖，喷发的火山灰云蔓延到1，110立方千米的大气中，影响了

42 一个“超级喷发”在火山爆发指数中定义为7～8级，喷出至少1000立方千米的灰质。

以后几百年的全球环境。

然而，与75000年前印度尼西亚多巴湖的爆发相比，陶波湖爆发是小巫见大巫。有人估计，那次爆发有多达2800立方千米的物质被散播到空气中（相比之下，1883年喀拉喀托火山喷发产生的灰云只有25立方千米，而1980年著名的圣海伦火山喷发仅仅有2.8立方千米），可能杀死了地球上60%的人口。此后能与此相提并论的也只有美国黄石公园火山了。在过去的二百万年中它喷发过两次，最近的一次发生在距今约64万年前。

那么，今天，会不会因为超级火山的喷发而宣告人类的终结呢？或许不能。虽然在某些地区这种影响将会非常频繁，破坏性极大，但以我们目前的科技水平定会将它对人类的摧毁力和恶劣影响降低到最小，起码这个星球上较发达的国家可以做得到。发展中国家可能会遭到毁灭性的破坏，可能还会引起饥荒从而导致数亿人的死亡（同时也会有几十亿的牲畜死亡）。但即便是千疮百孔，在经历几十年的重建期后，其文明或许还是可以恢复得相当完好，人类会重新站立起来。[43]

此外，有证据表明，地球过去就曾多次经历过火山喷发活跃期，最后一次这样的活跃期发生在数千万年前。而且，火山的急剧爆发事先会有很多征兆，火山学家可能在几十年前就会预测到这种情况。即便不是提前几十年，至少也会有预先的警告。如喀拉喀托火山大喷发（甚至是对环境破坏更大的爆发，如1815年印度尼西亚得坦博拉火山喷发），基本也是一世纪前的事件了，而传说的世界末日级别的超级火山喷发也是每隔10万年才发生一

43　当然，这样的灾难会引起直接的政治局势动荡，一些因此瓦解破裂的国家，是创伤最重的受害者，它们--定是最贫穷和科技最落后的，冲突和动荡自然也是发生在这些落后的地区。

次。这就使得那些预测因火山大喷发而导致遮天蔽日的预言不攻自破了。

## 行星、彗星和流星

当然了，火山喷发会带来世界末日的预言比不上彗星或小行星撞击地球（这一情景可是备受好莱坞世界末日题材电影的追捧）来得流行，因为这些天体凭借自身的组成和规模足以摧毁整个世界文明。事实上，据推测，大约6500万年前，正是因为一个小行星撞击地球才导致了恐龙（和地球上几乎85%的物种）的灭绝，而类似的天体撞击地球势必会造成人类历史上大规模的物种灭绝。如果我们要寻找一个预示世界末日的大自然的代言人，就非“星”莫属了。

这种天体的可怕之处在于，从理论上讲它们随时都能出现，所以人类只有极短的预警时间（某些情况下，不到几周时间），而且只要足够大，它们便可以彻底宣布世界末日。其实，这些天体并不需要特别大，就足以造成巨大损害。据最精确的估计，造成恐龙绝迹的小行星的直径大约是10千米（或6千米），即使以这样一个相对较小的规模，就砸出了一个直径超过112英里的陨石坑，爆炸喷发的能量相当于100万亿吨TNT炸药，或是威力最强的热核炸弹的200万倍。宇宙是个极大的空间，这使得大天体撞击地球的几率很小。对这种小行星撞击地球造成的致命性毁坏的几率，专家们有不同的估计，有些认为大概在10，000分之一左右，有些则认为只有10000000分之一。当然，即使一个体积较小的行星，大约一间屋子那么大，也足以摧毁一个小城市，留下一个直径1英里或几英里的陨石坑，因此这种威胁不能被完全忽略。

幸运的是，大多数流星比一粒沙子大不了多少，而且地球的大气层擅长将这些小微粒在降落到地面之前就解决掉。每年都会有棒球大小的陨石，每几十年都会有更大的陨石撞击地球，所以被这种任性的太空飞石击中致死也不是完全不可能的，虽然从天文学的角度来看这种概率很低。

而彗星又是另外一种情况了。虽然基本上由固态气体组成（这使得它们的重量比起小行星和流星要轻得多），但彗星的破坏程度却丝毫不减，而且在某些方面是不可预测的。比如，1994年7月，当苏梅克—列维9号彗星撞击木星时，该彗星的碎片（它在行进的过程中已破碎）以平均13万英里/小时的速度（60英里/秒）冲入木星大气层，所携带的能量相当于200，000兆吨TNT炸药。

事实上，彗星甚至它的碎片都可能在地球上爆炸。有事实为例，最近的一次是1908年6月17日，在俄罗斯大约距通古斯河25,000英尺处发生了巨大爆炸，据估计这次爆炸摧毁了2150多平方千米（830平方英里）内的约8亿棵树木，并引起了里氏5级地震，甚至连远在伦敦的专家都可以用地震仪探测出。爆炸的能量相当于5百万吨到3千万吨TNT炸药，1千到1千5百万吨TNT的破坏力（这相当于第二次世界大战时在广岛爆炸的原子弹能量的一千倍）简直是轻而易举。虽然科学家尚不能确定这次爆炸是由一颗大流星还是彗星碎片在空气中爆裂所造成的，但可以肯定的是这个天体直径不过几十米。

然而，根据澳大利亚国立大学的天文学家保罗·弗兰西斯博士[44]的研究，地球被这样一颗彗星击中的可能性很小。2005年，他的研究小组借助美国军事望远镜进行的计算机模拟所获得的数据表明，太阳系中彗星的数量只是我们先前所预测的1/7。之前对彗星数量的估计是一些业余天文学家做的，他们观测到的接近地球的彗星数量仅仅是总数量的3%，大部分被遗漏了，因为它们出现在观测点反向的空中或因为太微小而观测不到。然而，这些业余观星者对观测小型彗星十分在行，这似乎有点出人意料。他们成功地观测到20%于既定时刻飞过太阳系的彗星。这意味着与以前相比，可预测的彗星数量多了，我们被遥远的未知星体撞击的可能性也随之降低。弗兰西斯博士说："我能推算出那些有能力摧毁一个城市的小型彗星每4千万年才会撞击地球一次。而能将大陆摧毁的彗星——像电影《深度撞击》所演的——更罕见，1.5亿年才出现一次。"[45]

当然了，这些结果仅仅适用于从冥王星轨道以外飞来的未知彗星。但是地球仍然有被运行周期短的彗星如哈雷彗星击中的危险。虽然这种彗星可预见性很强，但是如果确定有一个会与地球相撞，我们起码得有几年甚至几十年时间来制定应对措施（如想办法使它偏离轨道）。它不像长周期彗星，只要两年的准备时间就可以了。

44　据2005年9月7日澳大利亚国立大学的一次新闻发布会。

45　这段话引自以下链接：http://info.anu.edu.au/ovc/Media/Media_Releases/2005/September/070905franciscomets（2009年6月16日登陆）。

# 其他自然威胁

一旦躲过了天体和火山这些因素的威胁，我们就只能从理论上而非历史上来研究其他威胁了。这些威胁包括伽马射线的辐射、黑洞、太阳的巨大耀斑、地球磁极反转、全球性流行病以及其他危险。为什么说这些威胁只是理论上的呢，因为它们很难被观察到，目前尚未有对地球造成过毁灭性伤害的记载，不像小行星和超级火山一样劣迹斑斑。不过，还是让我们一个个来看看它们能构成怎样的威胁吧。

## 伽马射线

伽马射线是由两个中子星合并而爆发出的难以想象的强大能量。它们的威力异常强大，事实上，即使是在距地球1000光年之远的地方，其光芒也足以超过太阳，很快就会使我们地球的大气层加热沸腾，并破坏臭氧层。这将使太阳放射出的紫外线全部辐射到地球上，引发人类的皮肤癌。更危险的是，这将杀死生存在海洋中的微小的浮游生物——这些生物会进行光合作用，向空气中释放氧气。问题是，这样的双子星我们是看不见的，如果跟地球靠得太近，我们就会被烧成灰烬，因此我们事先得不到任何预警，所以它可能会带来真正的世界末日。

幸运的是，这种情况出现的几率微乎其微，因为这么多年来科学家们在遥远的星系中几乎从来没有观察到。考虑到我们自己的银河系规模就够庞大了，即使真的在银河系中发生，从银河系的一端到另一端的距离也有大约10万光年。在我们邻星系发生的几率就更小了。当然了，虽然它距离遥远，基本上构不成威胁，但并不说明这不可能发生。

## 黑洞

在过去的二十多年里，黑洞——恒星倒塌遗留下来的有着巨大引力的隐形小漩涡——越来越成为公认的潜在地球杀手，原因很充分：即使一个很小的黑洞——指跨度不超过十几英里——进入到我们的太阳系，也会带来各种麻烦。它的引力巨大无比，可能会使一些恒星偏离轨道；如果它将地球拽出椭圆形轨道，那么就会导致极端的气候变迁。虽然它撞到地球的几率微乎其微，但最有资格带来真正的世界末日的就属它了，因为它可以将我们从轨道中抛出来，甚至把我们扔出太阳系。此外，根据最近的观察（更多是基于理论上的猜测），科学家估计单单在我们的银河系就至少有一千万个黑洞，这使得我们遭遇黑洞的几率增高了一些。

几率有多高？实际上并不高。它们移动得很慢（比一个正常的星体快不了多少），这就是说如果有一个正靠近我们的太阳系，人类将会有几十年甚至上百年的时间来观察它的移动（主要是观察它对一些外行星造成的细微的轨道偏离），前提是我们的技术够先进。如果真有这种情况发生，我们除了撤离地球搬到宇宙深处之外，别无他法，不过这是一个长期的威胁，而不会在一夜间爆发。

## 巨大的太阳耀斑

小学生都知道，太阳不断地放射出白热化的等离子体，我们称之为耀斑，或者更确切地说，是日冕抛射物。这些巨大的磁爆发足以凭借高速度的亚原子粒子轰炸地球，但幸运的是我们地球的大气层和磁场在很大程度上抵消了这些原子粒子，所以我们几乎感受不到这些爆发所带来的影响（除了会给收音机用户造成干扰或增加南极光或北极光的发光度）。太空探索器要时刻防备它。因为一旦撞到一个飘逸出来的耀斑，而那时人类没有合适的避难所，将是一场大的灾难。

然而，天文学家们偶尔会在我们的银河系中观测到其他类似太阳的星体放射出的被称为“超级火焰”的物质，这可比它们堂兄的威力要大上几百万倍。若这是太阳喷发的，那么地球势必会被烧成煤渣。幸运的是，有可靠证据表明，咱们的太阳不会干这样的蠢事，而这种威力巨大的火焰似乎只发生在比较年轻的星体或者是那些引力极其不稳定的星体上。

虽然我们的太阳比较温和，但是破坏性的太阳活动也会造成地球气温上升，引发大洪灾，或者太阳活动缓慢，使地球气温下降，从而导致“小冰河世纪”（这对全球经济的破坏程度远远超过全球气温变暖）。[46]这并不会导致世界末日，但是会在很长时间内影响全球气候。

### 地球磁场反转

似乎每几万年就有一次，地球磁场会减弱直到完全消失，然后会慢慢地重新出现，直到南北两极翻转。这种磁极的偏离上一次发生在大约78万年前——并不是特别危险，但是磁场减弱的时期大约会持续一百年，在这一百年内，会对地球上的生物造成

46　事实上，有证据显示在过去一万年里是地球的主要冰冻时期，17/19是因为太阳活动的减弱造成的。

威胁。没有磁场的保护，粒子风暴、宇宙射线，还有宇宙深处能量强大的次原子风暴会破坏大气层，腐蚀包围着地球的臭氧层，给人畜带来各种麻烦（特别是那些靠磁场辨别方向的生物）。不过，科学家们估计我们可以忍受这样的事件，他们已注意到在过去的一个世纪，地球的磁场已经减弱了5%，这也许标志着这样的减弱在不远的将来——起码在几百年之内会演变成磁场倒转，而这并不是杞人忧天。然而，因为这种变化十分缓慢，科学家们应该可以提前发现磁场正在倒转，而且应该会有足够的时间采取必要的预防措施。人类可通过移居地下或搬离地球来避免遭受毁灭性的影响。或者运用未来的高科技手段增强地球大气层的防御力。不管怎么说，这都不是我们短期内需要担忧的事，或者是几百年以后我们的子孙要考虑的事。

### 全球性的传染病

细菌和人类已经成功地在地球上和平共处了几千年，但是双方力量偶尔失衡，便会酿造不幸（像14世纪黑死病席卷欧洲，致死了1/4的人口；以及1918到1919年爆发的流感，也在世界范围内夺取了至少两千万人的性命）。有人说，会有一个产生于自然界的可打败抗生素的新病菌，能够再次毁灭人类。这种预测极有可能发生，决不能轻视，想想如今疾病的传播速度吧。最严峻的是可能出现一种病毒，以迅雷不及掩耳的速度迅速传播，让我们措手不及，又或者出现一个能打败所有抗生素的病菌，搅乱我们的生态圈。事实上，12000年前遍及美洲大陆的哺乳动物的突然大灭绝——可能是因为一种极其毒性的疾病——就是由人们移居新大陆时所带来的病菌所致。

不过，一个好消息是，自从14世纪以来，特别是从1919年那次流感后，科学界就一直在不断探索病毒是如何变异的，以及怎样才能研发出可以有效对抗新病毒的抗生素。这一探索还将一直进行下去。同时，我们与微观肉食动物作战的新技术和策略越来越先进了。据乐观估计，我们人类能够对将来出现的任何流行病做到先发制人。这并不是说，流感病毒的某个特殊变种，或通过空气传播能致死数百万人的（特别是在欠发达国家）埃博拉病毒，从此就不会出现了，而是说，单一病毒在一夜之间席卷全人类的可能性极小，当然并不是说完全不可能。

## 造成世界末日的人为原因

当然，自然灾难不是唯一能够实现《圣经》中所说的世界末日善恶大决战的力量。人类屡次证明，只要他们有决心，就会有大规模的破坏力。

证据显示，20世纪单单在战争中死亡的人数就比历史记载中的地震、火山和海啸加起来致死的人还要多。似乎，自然不愿意这样做，而人倒是很乐意、且越来越有能力引发世界末日。

当然，从这个例子可以看出，我们的聪明才智使我们成为这个星球上唯一能给自己设计自我毁灭的物种，那么什么是人为的自我毁灭机制呢？它们的破坏性有多大？下面就给大家介绍一些可能带来世界末日的人为机制。

### 热核战争

当谈到人为因素造成的世界末日时，首先映入人们脑海的可能就是全面洲际核战争这噩梦般的情景。事实上，自从阿拉莫戈多核试验开始，爆发这种全球性的灾难一直是世界末日先知们的“最爱”。60多年来，核战争一直是我们生活中的一个隐忧。此外，地球上的核弹头数以千计，这还仅限于记录在案的数字。

但是，全面热核战争真的可以摧毁地球文明吗，还是我们高估了它的实际破坏力？

这听起来有些过于乐观（甚至有盲目乐观的嫌疑），最好的计算机模型不断证明，尽管全面核战争将给人类和环境造成巨大的破坏，但即使它使尽全力也不可能摧毁人类文明。可以肯定人类社会的发展会倒退几十年，特别是在一些重灾区，文明建设将不得不从头开始。但人类能够生存下去的可能性极大，特别是离战争爆发地比较远的地区。另外，大部分遭到破坏的国家，军事和政治基地可以通过搬迁或用特殊设施保护而保留下来，从而为重建提供基础。虽然工业基地将破烂不堪，全球经济的金融基础也会千疮百孔，但只要几百年来积累的基础知识和技术尚在，人类文明就能够重建。辐射会使某些地区多年无法居住，全世界的死亡人数即使没有几十亿，起码也数以亿计。但目前世界人口正迅速接近70亿大关，所以有可能灾难发生时，幸存者反而会比世界大战后多得多。

另外，随着苏联的解体，虽然冷战带来的巨大恐惧还没有立刻消除，但已显著减少了，因此无论是蓄意还是意外的核战争在今天发生的可能性都不大。

**核冬天**

热核战争的真正危险不是它巨大的毁灭力和辐射力。这些影响只是在局部地区（最具威力的核装置爆炸的半径也不到10英里）且大部分地区内的辐射强度在数月内会很快下降到适宜居住的水平。它最大的长期影响不是对城市和人口集聚中心，而是对地球本身。几个小时内数百甚至数千枚核弹头的爆炸，会给大气造成严重的影响，带来科学家所说的“核冬天”。

这是个备受争议而且人们尚未完全了解的问题，核冬天理论上是指核爆炸的副作用——核子爆炸引发的灰尘、烟雾和烟尘会进入大气以及爆炸引发的大火，这才是真正的破坏，至少从长远看如此。

实际上，大火中升起的烟雾云，弹头在开放水域爆炸所带来的水蒸气和成千上万的核弹头几乎同时爆炸掀起的巨大粉尘，会被卷入到高空的盛行风中去，最后像一个厚厚的地毯裹住地球。假定这层灰尘和烟雾会非常厚，一点阳光也透射不进来，造成全球气温急剧下降并使植物无法通过光合作用将光能转化为化学能。反过来，这会对地球上错综复杂的生态平衡系统和农业造成巨大影响，结果引发世界粮食供应短缺，造成难以想象的全球性饥荒。大饥荒加之放射性的沉降物、酸雨和干旱，会致死几十亿人口，远远超出核爆炸本身带来的死亡，很可能使人类面临灭绝的边缘。

不过这个理论本身也存在一些问题。首先，我们根本不知道全面核战争会将多少烟尘投入到大气中，这些烟尘将如何分布，还有它们是否厚到能阻止阳光照射到大部分陆地。虽然有证据证明大量的灰尘和漂浮在高空中的其他微粒会减少阳光的照射，如1815年印尼坦博拉火山的爆发（近代历史上最大的火山爆发）一样喷洒了大量的灰尘，导致“小冰河时期”的来临，在几个月甚至更长时间内严重毁坏了新英格兰和欧洲的农作物，但这并不一定意味着人为的核战争也会带来同样的灾难。

我们知道坦博拉火山爆发时喷出了160多立方千米的灰质。两万枚核弹头瞬间爆炸也难以达到这样的效果（因为是空中引爆，不会将大量尘土抛向空中），升到空气中的大部分是烟雾和灰尘，而不是类似于火山大喷发喷出的重物质。

可能因为烟尘受到侧气流驱动，受纬度限制，爆炸发生后大多数区域的（可能包括两极）空气会很干净。因此，目前尚未确定当阳光能够照射到大部分地表时，全球的温度会有何变化。此外，由于烟尘微粒比周围空气重，等它们回落地面后，烟雾云可能在短短几个星期内快速消失。当然，烟雾和火山灰云会给地球的生态带来极其不利的影响，可能彻底改变几十年后的气候模式，但这些影响是否有能力彻底摧毁如此先进的社会还有待商榷。只要大部分政府和军事机构以及一些受民众保护的精英能存活下来，就给重建提供了保障。可能需要数十年的努力才恢复到正常水平，但任何先进的文明最终都能从愚蠢的自我毁灭的灰烬中涅槃。

## 生化武器

人类过去几年的科技进步必须付出的代价是，生产出潜在杀伤力比核武器还要大的东西成为了可能。这些致命杀手既不会导致巨大爆炸，本身也不具有放射性。事实上，它们绝大多数小到无法用肉眼观测到，然而一旦落到不法分子手中，在适合的条件下却会给人类带来巨大的灾难。没错，我说的就是生化武器，通用术语叫它们“超级细菌”。一旦被使用，它们确实有本事杀死几十亿人，让世界末日的噩梦成为现实。

有必要向大家澄清，我们现在不是在谈论像是塔崩（一种神经毒剂）、VX（一种典型的持久性毒剂）、沙林气体（一种神经毒气）之类的化学药剂。虽然将这些化学毒剂在人口密集的地方释放，也会导致成千上万的人死亡，但是神经毒剂却不能够摧毁全人类，原因有二：第一，这样的毒剂成本高、生产困难，特别是要大批量生产来毁灭整座城市就更难了；第二，它们扩散得非常快（尤其是有风或下雨的天气），这样就极大地降低了它们的毒性。比如[47]，如果在密封的环境下使用，像地铁，它们可以在几分钟内毒死数以百计甚至成千上万的人；如果在户外空旷的环境中使用，可能因恐慌而死的人要比毒气致死的人还要多。

而生化武器绝不可与之同日而语，它们的威力足以摧毁整个人类文明。如同爆发了传染病一样，人为制造的病毒或人造“超级细菌”像镰刀一样把人类从城镇建筑中完美地割离开来，留下完好无损的城市，从此以后这里将成为永远的不毛之地。如果它的传播速度够快、毒性够强，那么会在数月之内将人类彻底被消灭，地球将彻底变成“生命的绝缘体”。正因如此，一些恐怖分子才宁愿冒死铤而走险。所以这种病菌如果落入恐怖分子手中，他们就会把病菌用到无辜的贫民身上——这一点一定要要引起警觉。可以肯定的是，如果这种病菌被用于毁灭人类，那某些“智人”关心的世界末日就真的要来了。

不过幸运的是，想要通过生化武器消灭全人类并非易事。制造这样一种病菌对科学技术水平要求极高，而且在使用过程中也要万分小心谨慎。那些有能力制造这种病菌的人，当然不会傻到不知道这种病菌有天也会危及他们，因此他们不会轻易制造这样的杀手。但不幸的是，虽然恐怖分子们也认为用这样的方式毁灭

47 顺便举个例子，1995年在日本东京，一个邪教组织在地铁释放沙林毒气，导致12人死亡，1000人受伤。

全人类与他们的目标背道而驰，但一个想要自毁的恐怖分子是不会有这样的顾虑的。试想一下，如果地球上连人也没有了，那么即便在毁灭后推行新时代的神权政治又让谁去服从呢？而且，一个人或群体能否率先拥有这样的病菌还是个问题，因为这需要辅以复杂的高科技手段。再说，哪个愚蠢到家的笨蛋会把它卖给恐怖组织呢？

此外，就像应对自然爆发的流行病一样，科学也会有能力对付这种“超级病菌”，让它们一个也不能得逞。不过前提是人类有技术生产它，同时也拥有技术对付它。实际上，科技手段越高，病菌的致命性就会越强。但只要人类有先进的技术可以应对，这种病菌得逞的可能性就仍然很小。

### 生物技术引发的灾难

近来最引人瞩目的科学进步出现在基因技术领域，这种技术如果使用恰当，会使农作物更耐寒、更美味和更有营养。微生物工程也能轻松自如地解决一些健康问题，基因治疗还能修复我们DNA的缺陷，这使得基因技术这个领域潜力无限。但是这也存在潜在的危险：改良过的物种中的基因可能泄露出来，侵入到其他物种中去，从而导致各种各样意想不到的、同时也是不利的变种；而经过改良的作物抗药性会增强，这会让它们极易遭遇虫害。当然，也有可能某个恐怖组织使用基因技术去培育一种毁灭性极强的野草（能彻底摧毁所有的作物）或一种流感病毒的变体抑或一些致命的病菌。像生化武器这样的病菌需要在一个极其复杂的实验室里生产——它们能给我们的星球带来怎样的不利影响尚不得知，因此在涉及到DNA的操作时，人们也可能会犯聪明的错误。

## 粒子加速器事故

科学上一个经常被忽略的影响是我们的高科技试验可能会出错，而所有的不利影响还会持续下去。一个不寻常的（或者意想不到的）担忧是粒子加速器——这些长相奇怪又超级昂贵的小圈圈能以光速发射原子，之后人们观测原子相撞的结果，它引起的一系列反应无意中会制造一个亚原子黑洞，慢慢蚕食我们的星球，直到地球化成一圈围绕太阳的烟雾。

然而，就像害怕第一颗原子弹爆炸引发的一系列反应会引发空气燃烧一样，这种担心已证明是毫无根据的。科学家们指出，担心粒子加速器会有类似情况只是空穴来风。我们今天使用的粒子加速器还达不到制造一个黑洞的能力，事实上，在过去的几十年里，加速器的使用也没有造成黑洞，这似乎是一个令人振奋的事实。当然，也许只是因为转出的小圈圈还不够大而已……

## 纳米技术事故

尽管如今的纳米技术已具备了电影《星际旅行》情节中的所有特征，但事实上，想要制造出能够自我复制且具有显微镜功能的纳米机器，让它在病人体内做手术，或者用简单的原材料制造出需要的产品或其他诸如此类的事情，显然超出了我们的能力。不过科学想要达到这一水平，也就是几十年的时间。显而易见，纳米技术很可能在一定程度上在制造业、医药和技术领域掀起一场革命。几十年前，科学家们并没有想到，它会是一个令人兴奋的、前景光明的研究领域，更没有想到它会在随后的几年变得如此重要。

问题在于我们不了解这种新兴的技术。比如，如果因为一场工业事故，这些被称为“纳米机器”的细菌大小的微型机器扩散到空气中，并快速地复制，最终会在一天之内将生物圈化为灰尘，那么该怎么办？而且，如果它们也能制造超级军事武器（想想看一支由纳米机器人组成的军队将会怎样对付敌军的雷达系统或者核潜艇的内部运转），想想吧，一旦它们落入恐怖分子手中，将会造成多么大的破坏。

然而，大部分在此领域工作的人会认为这是危言耸听。就像上面刚刚谈论的生化武器一样，军队或恐怖组织即使手中有纳米武器，也不太可能使用它，即使它会在战场上带来优势。其实，将来我们并不难找出攻克这些小东西的方法，来阻止毁灭性灾难的发生。[48]不过，没有人能够知道这种技术会将我们带向何处，或者它们能做出什么事情来，也不能保证人们能一直操控它。

## 人工智能

既然说到纳米技术，就不能不提起另一个相关的技术，它用在开发有思维能力的智能机器人身上——因《星际旅行》中的少校数据库而出名。当然了，我们不是在讨论像数据库那样复杂的东西，而是那些有思维能力、可以自行击垮敌军防御系统的武器，像导弹制导系统，或者无人驾驶的智能战斗机——可以根据之前的设定情况相应地调整策略。这种智能武器的出现并不是遥遥无期。显然，如果智能机器可以研制成功，它们可以给人类带来诸多便利，将彻底改变我们的星球。

当然，问题在于如果这些智能机器人聪明到认为我们人类没

48　甚至可能研制出一种可以打败、摧毁纳米机器人的反纳米机器人，这样问题就迎刃而解了。

有必要存在的时候，为了提高物种的先进性想把我们这种低级生物处理掉，那该怎么办呢？凭借人类赋予它们的高效的思维能力及快速的思考速度，如果数量足够大，它们可能会成为人类难以对付的危险敌人——2004年的电影《我是机器人》生动地呈现了这种猜想。

当然了，电影只是好莱坞对未来的设想，但是也许再过几十年，各种各样的越来越智能的机器人便比比皆是了。所以，刚刚那个猜想并非是完全不可能的事——特别是一时的目光短浅，往往会让人类作茧自缚。

但是这种智能机器人的危险究竟有多大呢？这要取决于它有多聪明，体内安装了什么样的安全保护。首先，要研制出一个智商高到足以消灭我们这种“真人”的智能机器人——如果技术确实能达到的话——目前尚无路可寻，因此这不是我们要担心的事情。第二，应该可以在我们制造的任何智能机器人体内安装一个自毁系统，以此阻止它们伤害人类（这种想法由科幻小说家艾萨克·阿西莫夫早在1942年就提出来了）；最后，即使机器人接替了人类，谁能知道这些智能机器人不会是比人类更好的统治者呢？说正经的，这可能是我们的子孙将要关心的事。虽然不是永远无忧，但至少目前我们无须担心。

然而，一个更大的担忧是人机合一，也就是说如果人类有能力将自己的大脑从根本上下载到由计算机操控的这些机器代理人身上，让它们能够联机接触到几乎无穷无尽的信息和经验文件，就会极大地提高机器人的智力，也会让这样的人在能力上远远超出最聪明最强大的人类。如果它们选择走“黑道”，那它们将成为极其危险的恶棍。不过，这样的技术可能会被严格地规范和监控，而且这样的“后生物”仍然需要人类的维护才能运作下去。

因此，不存在上面的假设。而且，也不清楚这样一个半机器人（电子人，译者注）——即使异常聪明——会给整个人类带来怎样的威胁。即便理论上说是不可能的，但并不是说真的没有这种可能性。所以计算机会带来世界末日是有可能的，起码在将来是完全可能的。

**环境毒素**

最后，还有一个影响来自我们的化学药剂和废弃物。我们当然记得，1984年印度博帕尔化工厂的农药事件害死了几千人，这个血淋淋的教训让我们明白化学药剂是多么危险。我们不知道杀虫剂和我们每天抛弃的数以千吨计的化学药剂将会给我们带来怎样的灾难。例如，高剂量的二噁英会影响胎儿的发育，减弱生殖能力，从而毁坏我们的生育能力，让我们因后继无人而灭绝。

当然了，环境毒素给地球带来的毁灭性影响是需要长时间的积累的，并不是一提到世界末日，大部分人都能想到环境毒素这个方面。但是如果有一天人类真的灭绝了，这却是最可能的一条黄泉路。不过，因为我们也越来越意识到化学药剂给人类和环境带来问题的严重性，并且已经采取措施应对了这些威胁（像是转向无污染的可再生能源），所以我们还是有理由持乐观态度的。我们也许无法将污染物从身边完全消除，但是希望将来的环境远比现在干净安全（其实目前已经证明现在比过去更干净安全了）。

## 结论

我知道在上面的清单里可能漏掉了一些可能导致世界末日情景的要因。比如，宇宙会因为被称作黑物质的神秘东西的捣鬼而大爆炸；玄武岩火山爆发会将大陆变成烟火的海洋，成为《圣经》中的罪恶之都——蛾摩拉城（据《圣经·创世记》，该城因居民罪恶深重而被神毁灭——译者注）；海底大量的甲烷气体会冒出来，让北极变暖，从而让大气充满比$CO_2$重20倍的气体，加剧温室效应。不过，讲了这么多，重点是想告诉大家即便真的有终结人类的事件，这种事要么极为罕见，要么不会在我们的有生之年发生。所以，所有这些预测都没有存在的意义。如果过去的平安无事是某种征兆的话，那么我认为我们应该像过去那样继续前进，只是偶尔躲避一下迷路的流星，忍受全球气候的逐渐变化，但是在整个宇宙中我们的蓝色星球还是很安全的。

而且，我们既然意识到了这些潜在的危险，就会更有能力阻止它们发生，尽量不让自己成为人类科技的牺牲品。然而，正如智人墨菲不断提醒我们的那样，错误的事情会一直错下去。因此，我们需要继续加强防备。

不过，也有一些人指责墨菲，说他是一个乐观主义者，这一点我表示赞同。我认为，末日正在路上，这不仅仅是个人观点而是一个科学事实。我们是否会被一颗鲁莽的彗星撞得粉身碎骨，被一颗小行星炸成碎片，或屈从于生化武器或核武器，抑或遭到统治世界的纳米机器人的根除，这些都可能会出现。即使我们能成功地摆脱这些厄运，有一天太阳也会燃尽它最后的能量，并扩散开来，将它所有的卫星化为灰烬（包括我们），把我们称之为家园的这个蓝色星球变成一个被冰包裹的煤渣子，漂浮在深蓝色的太空中。

当然，我们还有大约40亿年的时间去准备，但是毁灭已成定局。所以当那一天到来时，我毫不怀疑那些自诩的预言家或心理学家会因为准确无误地预测到结局而洋洋自得，那就不妨让他们去最后一次嘲笑那些不相信他们的人类吧。

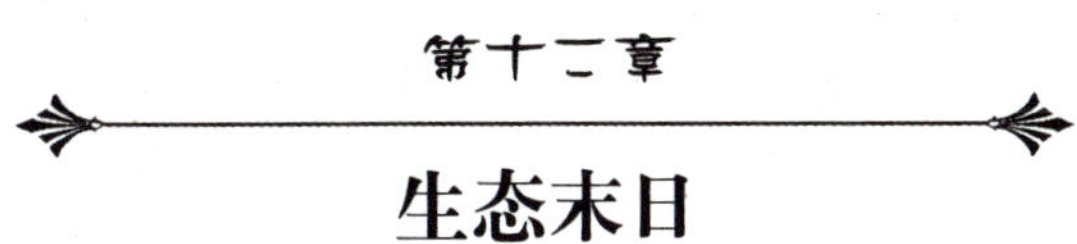

# 第十二章 生态末日

很多末日场景均是从宗教引申出来的无端猜想，如同新纪元、超自然事件、理论性天体活动或地质活动一样，在不远的将来不太可能会发生。但生态末日场景却恰恰拥有最多的支持者，这是因为它有着瞬间的爆发力以及强大的科学支撑。

与此同时，各大环境团体与科学团体之间的争论也在不断升级，并且备受瞩目。空气污染加剧，逐渐增多的温室气体和垃圾导致大气层破坏……人类是否在自掘坟墓呢？换句话说，也许将人类推向灭亡的正是人类自己。

所有的猜测不是在散布恐惧和假想的威胁。人类的目光是如此短浅和急功近利，很难看到我们可能正在破坏地球合理的生态系统。这是现实，因而值得关注。例如，臭氧层的破坏给人类造成了广泛而深远的影响。据资料显示，人类患皮肤癌的几率越来越高，而我们饮用的水中的毒素能够影响到人类的基因，威胁人类繁衍后代的能力并有可能最终导致灭绝。过去几十年的事实表明，砍伐森林(导致二氧化碳的急剧增加)和无节制的城市扩张极大地改变了我们的气候模式——这种气候模式可能不太适合我们的居住。

更紧迫的是，人类的严重浪费，特别是由某些国家快速的工业化进程引起的温室气体(尤其是二氧化碳)以惊人的速度排放到空中，无形的“气毯”从太阳光射线中汲取大量热量。这种“温室效应”使全球平均气温上升，从而导致极地冰盖的迅速融化。同时，由于极地融化后数十亿加仑冰雪涌入海洋，使全球的海平面升高，可能淹没欧洲、美洲和东南亚的低洼地区。气象学家推测，全球气温变暖也使得地球上的某些土地，特别是非洲撒哈拉沙漠以南地区，因为太热而无法种植农作物，从而减少了总耕地面积，并导致了地球上最贫穷国家的大范围饥荒。此外，在工业化国家因为食品和能源减少，越来越激烈的竞争会引发地区乃至全世界范围内的战争——随着越来越多的国家拥有大规模杀伤性武器，以后的战争会走向核战争。最坏的情况就是亿万人民可能会死于饥饿或者死于间歇性战争，更多的人流离失所或者受到不利的影响，让人类的生存举步维艰。

当然，未来的环境灾难一直是自20世纪60年代以来人们关注的话题，但直到新千年开始之际，由于环境得到了重视，这种关注才开始偏重于未来环境对全球的影响和全球变暖。虽然提出全球变暖的问题已经很多年了，但说到提升公众保护环境的意识，可能没有一个人比美国前副总统，诺贝尔奖得主戈尔做的更多。他的奥斯卡获奖纪录片《难以忽视的真相》以及他早期的著作《濒临失衡的地球》折服了很多人，在如今这个争论不休的社会依旧有一股强大的影响力。事实上，《难以忽视的真相》不仅备受好评，后来还成为美国许多学校和高校必看的纪录片，它真实演绎了消亡概念在未来是如何变成主流的。

政治家、名人，还有许多首席科学家也接受这一思想，他们认为在过去十几年中地球气候一直在变暖，这有可能对世界产生重要影响。这一基本推论已经得到了至少30个科学学会和科学院的认可和支持，包括主要工业化国家所有的国家级科学院。虽然个别科学家对联合国政府间气候变化专门委员会[49]（IPCC）的一些发现有异议，但很明显他们只是少数人。绝大多数的研究者认同联合国政府间气候变化专门委员会所做出的关于气候变化的主要结论，并且向指定权威机构提供了完整理论。

在我们绝望之前，让我们花点时间从一个更加客观的角度来看待整个问题。毕竟，除了过去的50年里全球气温上升，世界各地许多冰川有明显的消融外，热心的理论主义者所吹捧的许多后果还没有成真。那么让我们以一种更冷静的方式（但显然就当今日渐紧张的政治气氛和情感焦虑来看，这十分困难）来思考这个问题。

那么全球变暖到底有多大威胁呢？正如某些人所说，气温升高和海平面上升真的要宣告一个文明的结束吗？或者是这种危险被夸大，抑或是在某种情况下这完全是被捏造的？

---

49　世界气象组织（WMO）和联合国环境规划署（UNEP）于1988年建立了联合国政府间气候变化专门委员会（IPCC）。它的作用是在全面、客观、公开和透明的基础上，对世界上有关全球气候变化的现有科学、技术和社会经济信息进行评估。

## 大争论

相比于最初整个国际科学界对末日（人为造成的）来临的一致态度，如今，科学界在发布一些惊人的言论时，好像更加小心翼翼了。例如，最新的比较精确的数据库显示：北极圈内和格陵兰岛附近的冰层融化的速度超过结冰的速度，相反的情况却出现在南极——据美国宇航局喷气推进实验室的伊万·约金和加州圣克鲁斯大学的斯拉韦克·图拉塞克所做的研究，南极的冰层正在增长，极大地抵消了北极冰层的融化量[50]。此外一些气候学家指出，很多人认为引起全球气候变暖的所谓元凶$CO_2$，其实根本不用对全球气温上升负责。换句话说，$CO_2$指数（是人或动物产生的副产品而非废弃物）上升是全球气候变暖的结果，而非原因。

不仅如此，在科学家中引起争论的五花八门的末日情景，其推算竟然很多都是基于错误的、不完整的甚至是捏造的数据，因此才出现了差距颇大的结果——这些结果多数是来自某些特殊的政治或科学议题上的博弈，而非纯科学研究。虽然我们总是幻想科学是不带有政治色彩的，完全致力于对真理的追求，但事实是科学也会不可避免地受到当局的癖好和偏见的制约，就像大多数地区的人们一样。当然，一旦关于全球变暖的研究和政治挂钩，它就会成为许多组织、大学和智囊团的收入来源（自从1990年来，政府每年要投资250亿美元用于这个课题的研究）。它们获得政府认可的压力很大，从而使得这些“官方”结果也会存在更

50 《新时代》杂志，2002年1月，第295期：第496页

多问题。

另外，全球变暖猜想中的问题是，大部分的猜想仅仅基于计算机模型。最近的一次科罗拉多州州立大学和美国国家海洋气象局的天气预报揭露了计算机模型的不可靠性：根据他们最好的、最精确的模型，2006年的飓风季将会是有记载以来最强的一次，在亚特兰大盆地，大约会有17个热带风暴和5个风速至少在每小时111英里（179千米）的大飓风。得出这个预测也可能是由于2005年那个非同寻常的季节和那一年8月新奥尔良州大飓风[51]卡特里娜所带来的深深的创伤。实际上，单从大飓风的次数上看，2006年却是有史以来最平静的一年，这使得众多的气象预测家必须重新衡量他们的推测，并费力解释为何他们的预报和实际大相径庭。

当然，这并不是说现在全球没有变暖，而是表明科学也只能推算出这个问题有多严重，人类活动如何加剧问题的严重性，它对全球环境的影响有多大（比如，估计出到下个世纪全球平均气温可能会增加多少，从最低2℃到最高6℃，基于不同的模型，会有一些误差，这就是科学），它是如何影响了地缘政治局势。很明显，如果海平面逐渐上升——也就是说在本世纪内每年平均上升0.25英寸——对社会的直接影响将是微不足道的，通过建造更强的海堤和其他沿海岸线的填海建造技术就能轻易解决。如果上升很快，也就是说在接下来的90年里平均每年上升1英寸，那么我们就要给大批人员找安置地，同时也会丧失大量土地。

此外，环保主义者往往忽略全球变暖的另一个结果——全

---

51　那一年，只有9次热带风暴和2次最高移动速度为120英里（193千米）的飓风，除此之外，美国海岸别无他事。

球气温上升可能产生有利的影响。例如，世界范围内气温的稍稍上升会使覆盖在加拿大和西伯利亚的北极地区的永久冻土面积缩减，从而使原来因气温太低而不适合耕作的地区有了更多的耕地，增加全球农业面积。危言耸听的气候报告常常让人忽视这样一个事实：欧洲历史上农业最繁荣的时期发生在中世纪（从10到14世纪，欧洲气候异常温暖），当温度上升降雨较多时，大量农作物会在更偏北的大范围地区生长。

在这种异常的温暖时期，格陵兰岛海岸线的冰雪融化了，使得海盗在岛上建立自己的领地，并繁衍了数百年。16世纪全球变冷，也就是今天气象学家经常提到的“小冰期”，导致了频繁的饥荒和粮食歉收，这就证明了是气温的下降而不是上升引发了混乱和政治动荡。事实上，如果在过去的一万八千年间，世界气温没有周期性上升，那么就不会出现今天先进的文明。正是欧洲和北美厚达一英里的冰层消融，大冰川时代的结束，才有了世界在此后数万年的发展。目前全球变暖周期的到来，是好事还是坏事，很大程度上都只是猜测而已。推动这场争辩的原因，很大程度上是政治而不是科学。将来对这个问题的探讨也很可能会变成政治对话而非科学辩论。

由于太阳黑子活动明显减少以及其他因素，一些环境学家近来声称水越来越脏，而且世界可能会变得越来越冷。这一预测显示在很多方面情况会比全球变暖更糟糕，因此，不要担心世界会越来越热，我们反而要为它变冷做准备。一些科学家甚至公开发表言论说，他们认为地球变成烤箱和冰箱的几率各占一半。看吧，这就是预言。

最后，认为污染会引发世界末日的看法也存在两个问题。第一，污染带来致命性的影响是一个非常缓慢的过程，需要几十年；第二，低估了人类成功处理污染的能力。很显然，难以想象任何足够先进的文明，明知有毒废料会毁灭自己，还心甘情愿地让自己去送死。当一个文明发展到已掌握了尖端技术，在危险实实在在来临时，他们不但有办法控制工业污染物造成的有害影响，还会借助政治途径采取适当的措施。

这是有证据可寻的，1987年，人类制订了工业中禁止使用碳氟化合物的协定，因为CFCs（碳氟化合物的主要成分）会破坏臭氧层，从而加大人们患皮肤癌的风险。此后几年的保护臭氧层行动表明，在必要情况下，各国会齐心协力采取快速有效的措施解决全球污染问题。在上面这次全民合作中，美国的私有企业、联邦政府、军队和环保组织一起解决问题，在几年时间里，完美地实现了从过度破坏臭氧层到臭氧层修复良好的状态。

此外，从阻止热带雨林的破坏到对一些废物排放的制约，全球都在倡导环保，同时还在加倍努力开发清洁能源以及实现能源循环使用，这种势头很强劲。目前人类已经在适当调整方向，采取行动来抵消全球变暖所造成的严重威胁，今后人类对环境危机肯定会更加警觉。

尽管金融和政治压力可能会延缓部分地区的进展，但最终人类将根据要求作出必要的努力，而压倒一切的国家权力机关会毫不犹豫采取迅速果断的行动。人类不会对环境恶化无动于衷，让生态恶化杀死自己，这是难以想象的。自我保全的本能动力将远远大于个人的“无关痛痒的”环保意识。当然，我可能会是错的，但我想，最终让我惊讶的一定是人类这个物种的快速发展而不是自我毁灭。

## 结论

事实是，科学根本不知道地球最适宜的温度是多少，也不能为人们提供任何时间表，告诉我们这些气候模式发生重大变化的顺序，不能确定全球变暖的周期是不是天然循环的一部分，也不能确定全球变暖在多大程度上是人为引起的。总之，不要小看人类的创造力以及对不断变化的全球气候条件的适应力，以及提出解决方案来对抗它的灵活性。

至关重要的是，我们应该当好地球和子孙后代的管家，不遗余力地合理使用自然资源。还要明智地把以石油为基础的经济转向以更清洁和取之不尽的可再生能源为基础，这虽然史无前例，但在经济上和技术上都是可行的。科学家和政治家带来的恐惧和悲观的气氛只能是次要的额外负担，而不应该是应对全球气候持续变化这一大挑战的对策。将来，头脑冷静者有望占上风，科学能够分辨真理和炒作，这样才能及时地采取适当合理的行动。否则，我们就是在消耗宝贵的时间和资源——时间都浪费在寻找一些根本不存在的解决问题的方法上，而这些方法只不过来自于一些计算机模型。

第十三章

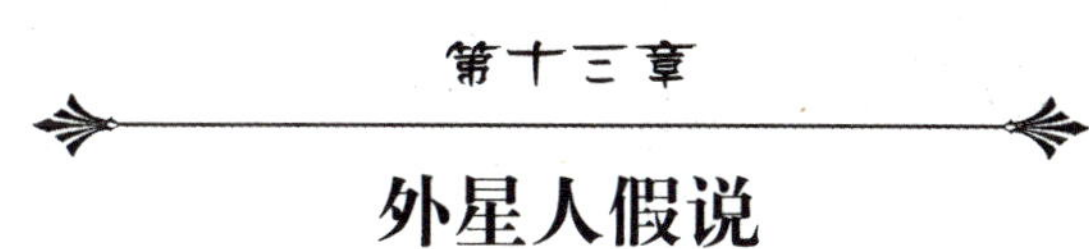

# 外星人假说

并不是所有的末日场景都以地球燃起熊熊大火而告终。还有些人为人类预测了比较乐观的前景，他们认为我们如果能接受今后几十年（或几百年）的挑战存活下来，人类就将进入地球的黄金时代。一些人认为这将是人类精神的觉醒，还有一些人认为这种乌托邦式的世界将会由所谓的“外来力量”来实现。从本质上讲，一些人认为目前这个时代不会以天使吹小号或演奏交响乐宣告终结，而是以外星人来临为开端。

不过，这种想法通常会遭到大多数人的嘲笑。但可喜的是人类正逐渐认识到宇宙的无限性，相信科学将会帮助我们拓宽对宇宙的了解。人类越来越意识到我们的文明并不是最先进的（虽然有人会认为是“先进”的）。而且，外星人可能一直以来都对我们很感兴趣。在星球以外，存在更先进的文明是非常有可能的。此外，有人认为，外星人极有可能阻止我们自我毁灭，就像我们为了挽救濒临灭绝的物种，阻止它们被猎杀一样。这种想法也并不是不合理的。

然而，外星人参与我们的发展会引起一系列问题。最大的问题是他们为什么要这样做，换句话说，他们这样做的动机仅仅是出于他们的本能吗？第二个问题是，他们要怎样干预才能保证带来的问题少些呢？

让我们首先来看看“为什么”。

## 星外来客

外星人为什么想参与地球的发展呢，大体有两个方面的原因（先假定他们这样做纯粹是为我们考虑，而不是来当征服者）：他们或许认为我们对他们来说构成了潜在的威胁，所以要在我们成为真正的危险之前阻止我们；或者他们想成为救世主，准备营救我们。不过在做出定论之前，我们先来看看这两种假设是否符合逻辑。

对外星人来说，我们是他们的威胁的说法已经是老生常谈了。大体说来，我们从步入核时代以后，就变得小心谨慎起来。时刻担心外星人会指挥我们，对我们的行为指手画脚，如果我们不听话，外星人就会对我们动武。1951年的经典影片《这一天地球停转》就淋漓尽致地诠释了这一设想，没有任何科幻小说或电影比得上它。在这部影片中，一个名为科拉阿图的外星人来到地球，警告说他们对我们的错误行为已经忍无可忍。时至今日，随着我们技术的发展，我们愈发相信这部电影所传达的思想的科学性。

如果我们稍加思索就会知道这种想法纯属无稽之谈。假如外星生物已经可以穿梭于茫茫宇宙的各个星球间，毫无疑问我们的科技则还需上百年时间的发展才能实现星际飞行，今天我们手中掌握的武器对于外星人来说很有可能是小儿科。对于外星人，我们就像是手持弓箭的石器时代部落面对现代化的武装部队一样，不会对他们造成任何伤害。人们可能会考虑使用核武器（就好像原始部落的士兵想要使用毒箭一样），但是我们距离他们的星球有成百上千光年的距离，不能对他们构成直接威胁。我想他们是没有什么后顾之忧的。

然而，这也不是说在未来我们就不能对他们构成实质性的威胁，特别是当我们也实现了星际飞行并掌握更多能与他们媲美的能源的时候。然而，充分发展星际飞行技术需要时间。假设我们需要两百年的时间，可是在这段时间里，那些比我们更具智慧的外星生物的科技也在不断发展。这样说来，我们在技术上依然落后于他们。实际上，我们总是在玩追赶游戏，双方之间的实力差距又总是有几百年，我们对于他们来说永远是个无足轻重的威胁。外星人可能会虑及我们的武器，但是只要他们自身的安全没问题，我想，他们就不会惧怕我们。

另外一个说法，即把外星人当成救赎者，似乎更受欢迎，我承认持这一想法的人远比把外星人当作威胁的人多。尤其是考虑到外星人有那么多进步之处、我们可以从他们身上学到很多知识和智慧时，这样的说法便更具吸引力。这一设想会让人们倍感兴奋，如果这一天真的可以到来的话，我真是满心期盼。

然而，当外星人作为救赎者降临到地球时，会遭遇一系列问题，其中最重要的问题是如何让大多数的人类接受他们的到来。

新纪元学派不认为外星人的出现会给人类带来恐慌，因为人们对于外星人的说法早已习以为常。一旦外星人真正出现，人们不会大惊小怪，自然也会愿意接受外星人的精神救赎。然而当我们认真思考人类的本性时，这一假设就不会成立。没错，一些人会平静地接受外星人的到来，甚至会有点兴高采烈，而很多人则不会。想想看，世界上的数亿甚至数十亿人口都没认真考虑过外星人会到来（或者说他们根本就不相信），那么他们对于这类消息的反应是怎么样的呢？还有，末日教派如何从宗教角度解读外星人的到来呢？在末日学说的影响下，会不会像过去那样出现极端的反应呢（想一想在世界范围内出现过多少起类似于1978年圭亚那琼斯镇发生的宗教自杀事件）？当各国军方得知我们的地球上方盘旋着图谋不轨的外来飞船时又会作何反应呢？即便世界上只有一小部分人和他们的政府惊惶恐惧，那也大概有数千万人吧。届时，对世界上的警察和军队来说这也是一种巨大的压力，很多国家政局的稳定也会受威胁。

此外，我们还需要考虑外星人到来对于宗教的总体影响，特别是当人们得知这些外星人和过去的很多“事件”都有联系，而那些事件都已作为不可改变的事实写在了教义里面。举个例子来说，如果不是神指引以色列人走出埃及而是外星人用巨大的飞船将他们运走的呢（白天以巨大的云团为掩护，夜晚以火焰为掩护）？如果耶稣是一个给人们带来觉醒的外星圣人呢？或者说，如果穆罕默德不是从加布里埃尔天使那里得到的《古兰经》，而是从在乱世中为人类重整秩序的外星人手里得到的呢？想象一下人们面对这些的反应吧。世界将会出现认知矛盾，政局不稳，整个信仰结构和宗教机构被彻底颠覆。一些国家的政府会如何反应呢？特别是那些政教合一的国家。虽然现在我们只是在猜测，但无疑，这些国家受到的影响和冲击必然是巨大的。

即使外星人和我们的过去没有关系，它们的到来所附带的其他深刻影响也不容忽视。举个例子，当最初的震惊消失后，人类下一步便会要求“新朋友”把我们从衰老和疾病中解救出来——用他们从外星球带来的科学技术，帮助我们解决所有因人类本身的自私和目光短浅所导致的问题。然而，如果我们了解到外星人目睹了历史上惨绝人寰的瘟疫和恶行却没有采取任何行动，我们会不会责难他们并要求他们负责任呢？显然，现身地球的救星——外星人的日子不会好过了。

我认为，如果这批外星人可以救赎我们，并最终使我们获益颇多，我们也就没有权利质问他们：如果他们的目的是拯救人类，为什么现在才动手？难道他们是等事情变得再糟糕一些？为什么呢？如果他们是星际间的传教士，他们似乎也应该现在就将他们的信息透漏给我们，而不是在若干年之后，做什么都已经于事无补的时候啊。然而，即使是欲将“异教徒”从末日审判中解救出来的基督教传教士，过去也没有深入到非洲大陆内部，而是在很多年以后才开始在这一地区传教。他们通常是在到达一个地方后才建造教堂、教化当地人。那么，我们又怎么能奢望外星救赎者有任何不同呢？

显然关于外星救赎者的说法远比人们想象的要复杂的多。外星人穿越数兆亿光年的距离来到地球，仅是为给我们带来他们和平启蒙的福音吗？这在理论上存在诸多质疑。[52]

52　此外，其他外星文明对我们邻居的好心作何反应也是个问题。有没有可能挽救我们的外星人的目的不仅仅是保护我们免受邪恶邻球的侵犯，但同时也不让我们接近更加善意的外星人呢？

## 外星入侵者

然而，也有很多人认为我们和外星人的碰面并不会是很多人想象中的一派和气。事实上，很多末世预言家也在他们的学说中添加了外星人入侵的场景，20世纪五六十年代的好莱坞电影里就表现了类似的科幻题材，在近些年的电影中也有所体现，比如《独立日》和2005年翻拍的《星球大战》。看起来，尽管自《星际迷航》上映后的40年，类似电影不断涌现，而且多数情况下外星人的本质都是好的，但是人们在心里对外星人还是存在疑虑、恐惧甚至是敌视的，就如同人们一般不信任异类的、神秘的或外来的东西一样。

当然，这种恐惧并不是毫无缘由的，特别是想到被来自外太空、高科技武装的外星人玩弄于股掌时，人们就会更加不寒而栗。当前，人类所拥有的武器的杀伤力跟科技上领先于我们几百年的外星人相比也许显得非常“原始”，不值一提。

幸运的是，至少从当前的各种迹象来看，不明飞行物从未光临。即便地球上真的有外星人，他们也应该来了有一段时间了（如果把一些历史记录当真的话，有可能是几百年了）。如果他们真的想侵犯我们，显然他们有大把机会置我们于死地。如果他们真的想消灭或者奴役我们，他们更没有理由等待这么长时间——直到我们的科技发展到一定程度（核武器、神经毒剂、激光、导弹等）、我们也有了一定抵抗能力之后——再动手。人们不会等到他的敌人强大之后才行动，而是要在敌人最脆弱的时候一招使其毙命。我们不相信外星人是蓄谋入侵的，其主要理由是我们依然安然无恙地生活在地球上。

也许，更邪恶的外星人还没有到来，所以不能轻易断言我们不会遭到外来生物的入侵。但是还有一个主要原因让我认为这种事情不太可能发生：对于能够实现星际飞行的物种来说，它在情感上、心理上和精神上必然达到一定的程度才能够驾驭那种高科技（它们要足够聪明使得科技的副作用不会对自身和自己的邻居造成危害）。换句话说，尽管有可能存在以毁灭他人为乐趣的外星人（或者是像电影《铁血战士》那样，把人类当作猎物），但是我认为这样冷酷无情的物种最有可能在荼毒我们之前，已经因为对权力、领土和财富的争夺而造成自我毁灭。也许有人说，不存在好战的、富于进攻性的外星人，这种说法完全是一种假设。那好吧，即使存在，我猜想它们或许还处在相对原始的发展状态、还没有掌握星际飞行的技术，或者它们正在被精神上更为成熟、技术更为先进的高级智慧生物控制着。

最后这点不容低估。我相信可能存在“星际卫士”，让我们免于受到蒙昧物种的侵袭，很有可能就像警察保护我们免受犯罪分子伤害一样。我还想象，如果我们已被外星人研究了上千年，那么现在我们的地位很有可能是“被保护的物种”，他们也会为了未来的研究而继续保护我们的安全。有一天我们也许会观察研究遥远的外星低等生物，这是很正常的，所以我们也有理由相信外太空更高等的生物在对我们做同样的事。

## 结论

把外星人当作入侵者或者救赎者的想法是非常有意思的，我更把它当作一种思维消遣而不是严肃的科学命题。宇宙中有可能存在更加智慧的外星人，他们之中可能有人在注视着我们。如果他们插手人类的日常琐事，我认为是很不明智的。他们也不会那么傻。

外星人入侵这一话题之所以有吸引力，是因为一些懒惰的人希望借机逃避21世纪实际的困难和挑战。很多人没有意识到，是这些挑战让人类得以成长，让我们的精神世界达到另一个高度，否则我们只能停留在幼年时期。我们最终是走向伟大还是走向灾难，何去何从，选择权在于我们自身，自古以来一直是这样。期待得到其他星球的兄弟姐妹的拯救只能羁绊自己的脚步，使得我们永远是精神上的幼儿。

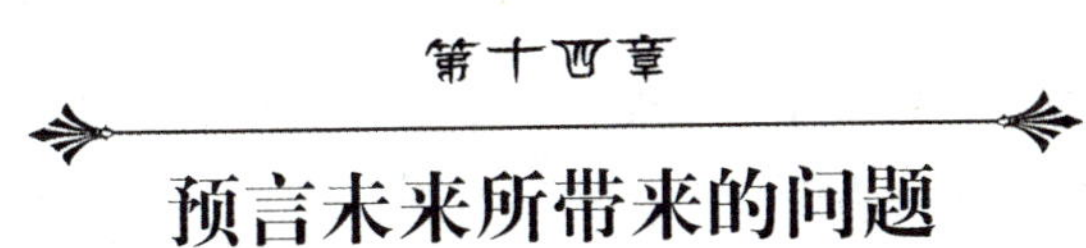

# 第十四章 预言未来所带来的问题

就我的经验而言，当人们夸夸其谈地预测未来时，他们几乎很少静下来想一想，究竟在理论上有没有可能捕捉到这些蛛丝马迹——有关几个月、几年、几十年甚至几百年以后将发生的一系列事件。我认为这是一个值得深思的问题，如果真的有一部分人可以知晓未来，而我们却对他们的意见充耳不闻，那么这将是非常愚蠢的。更值得注意的是，假如我们拒绝接受这样一种可能性——未来有可能被少数天才获知，我们实际上就把自己丢到了一个十分危险的境地，同时也剥夺了后人的希望。因此，我们有必要相信少数天才可以预见未来，并且认真考虑他们所说的，这样我们就可以在当下采取措施，进而规避未来事件可能给人类造成的负面影响。

当然，预知未来和对未来进行一些有根据的猜测是不同的。

出于未雨绸缪的目的，我们通常会对未来几年或几十年内将会发生的事情作出预测，这些预测有充分详实的证据，因此人们可以采取有决定性的应对措施。显然这就是预测未来社会、政治、经济发展趋势的益处所在，这样我们就可以对未来有所预见、避免可能波及人类的各种危机。从这一层面上看，这与分析近期卫星云图、对比同期气流状况之后再推测下周的天气没有什么两样。

我们先要了解所谓预知未来到底是怎么一回事，然后自问除玄妙的直觉、梦境、神灵显现、数字组合和星象以外，理论上人类究竟有没有可能通晓未来。还需要思考的是，是否有极少数的人被赋予了超能力——能够预测未来几十年或上百年以后发生的事件，让我们从中受益或者获得警示？如果，被预知的未来在可能性原则之外，那么不管是诺查丹玛斯（法国著名预言家）、埃德加·凯西（美国预言学家）、《圣经》或是其他神谕向我们揭示了什么，它们都是错的，最多是巧合而已。这是当我们考虑大多数末日预言的可信度时最容易忽略的一点。

究竟有没有可能预知未来事件呢？当然，从科学角度讲，时间是一个奇妙的东西，它以不同速度前行，这是基于很多因素的。比如我们相对于他人前进的速度、我们承受的重力以及其他物理学家也难以破解的疑团，甚至一些只有像爱因斯坦这样伟大的天才才能认识到的——叫做时间的流动性的东西，为在适当的条件下是否有可能窥见未来敞开了大门。我们虽然还不能充分了解我们所处的现实世界，以及平行宇宙和多维空间的内部工作机理，但是马上就认为未来事件是不可知的未免有些太过草率。事实是，我们仅仅是还不知道而已。

然而，如果未来是可以预知的，那么整个预言学说便会深深陷入矛盾。预言家的观点是，未来是静止的，而不是流动的。也就是说，未来已经存在而不是本体不明。从本质上来讲，为了能够预知未来，组成未来的单独事件必须存在于时间轴上，而时间轴不会受当下任何事情的影响，包括我们当下为改变事态发展所作的一厢情愿的努力。

举个例子来说，假如我们通过某途径了解到，有一颗庞大的小行星将于2077年7月11日撞击我们的星球，这不仅会使人类灭绝，并且在未来几千年间即便是最简单的物种也难以在地球上生存。假设我们在2017年预知了这件事情，接下来我们还有整整60年的时间，我们会怎样做呢？

出于本能，我们应该会想办法在2077年之前改变那颗小行星的运行轨道，而我们可能真的做得到。然而，从开始采取措施的那一刻开始，我们便陷入了矛盾：如果我们成功地改变了小行星的运行轨道，就等于我们自动否定了“该事件会发生”。实质上，通过改变小行星的运行轨道，我们已经将这一事件从时间轴上移开了——我们采取了措施，防止它发展成为危及人类的危险。这么说来，灾难根本就不会发生。那么，我们在第一时间采取措施又是基于什么逻辑呢？一个人不会预防不会发生的事情！

听起来非常复杂，但这和我们改变一个过去的事件从而将其从我们当下的时间轴上移走是没有区别的。改变任何过去的大事件或以后将发生的每一件事都会改变我们现在的时间轴，一起改变的还有我们记忆中的“旧的”时间轴。换句话说，因为我们对“过去本应是什么样子”没有任何记忆，我们不可能意识到我们已经改变了过去。改变未来的道理是一样的：改变小行星的运行轨道，它就不会撞击地球。既然它都不会撞击地球，那么我们也就不能预见这一事件，因为它不会发生。看到问题了吗？

此外，即使我们能够改变未来，但改变未来也许只会招致更大的灾难。比如说，假设某位先知在1910年预见到了纳粹党在德国的兴起，欧洲将爆发一场大战；随着纳粹的掌权，更具毁灭性的第二次世界大战将接踵而至。我们进行进一步假设：这位天才先知说，对未来的大屠杀负有直接责任的是一个叫阿道夫·希特勒的奥地利人。假设接下来的一系列事件都已被预见：1914～1918年的血战、德国的战败、纳粹势力在德国的兴起、希特勒掌权。世界会对此无动于衷、听之任之吗？我猜想，若先知的预言素以正确著称且足以让人们采取行动，某些人定会阻止这些事件的发生——很有可能在希特勒掌控整个德国之前就将其杀害了。

但是如果刺杀希特勒成功，事情又会怎么样呢？第二次世界大战就不会发生吗？不尽然。如果另外一个人取代了希特勒的位置，而且纳粹依然得势呢？如果这个人被证明比希特勒更有耐心、行事更小心呢？比如，他可能不在1939年发动战争，而是等待德国的军事实力无人能及时再出击；最后最可能的结果是，他不仅发动了战争，而且在此之前已为纳粹成为最强大的战争机器争得了足够的时间。德国轻易地击败了西方联盟，甚至在这一进程中占领了整个苏联。到20世纪50年代就不是苏联和美国在冷战中对抗了，一个在科技上更加领先的德国成为了世界超级大国。这样说来，我们是否该庆幸，历史上真实存在的是希特勒而不是别的什么人。结果是，时间轴的改变让事态更加严重，相比于时间轴的自然推进，这种改变使得更多的人丧生，后果更为惨烈。

看到预知未来导致的问题了吗？如果预言足够精准有效，灾难通常可以有效阻止。但因此也引发了新的事件链条，有可能会比原时间轴更具破坏力。也许有人能够预知新的“已被替换的”时间轴——这条时间轴甚至可能比原来的时间轴更具有灾难性，但规避的结果是它造成了新一轮的、更悲惨的未来。最终，不管我们怎么做，都是满盘皆输。

## 灵活的预言

如果说，未来的时间轴不是固定不变的而是流动的、充满变化的，那么预言的困境也就能化解。然而，若一个预言家在预测未来事件时说，这一事件仅仅是一种潜在的可能，是并不确定且是变化着的，那么该预言就会变得更像是警示而不是天才预言家的预见。

从最初预言失败的那一刻起，这些“借口”就已存在，一些重大预言的失败更是把它当作挡箭牌。对于那些预言失败的预言家来说，这也是唯一的退路。声称他们的预言仅仅是暂时性的，预言家们就可以在猜想的世界里任意遨游而不用担心预言失败所要担负的责任。这还能将他们从伪预言家的骂名中解救出来——总之不是预言本身的问题，只能怪命运的无常和未来的叵测。

无稽之谈。如果预言仅仅是提供关于未来的几种可能性的话，那么它对于实际问题来说毫无价值。预知未来的价值在于它的确定性。如果它只是几种可能性中的一个，那么比猜想也好不到哪里去，只会把整件事情变成一种猜测和讨论。这样的无稽之谈不仅在逻辑上站不住脚，而且还非常危险——尤其是如果听信者还对这随意的猜想采取了一定的措施的话。如果相信世界末日近在咫尺，人们就会停止工作，放弃家园和生命，婚姻会变得岌岌可危，孩子也无暇照顾。这样的损失是巨大的，在一些情况下，甚至是致命的

（如我们在第2章中谈到的影响）。

## 将预言当作一种证明

另外一种学派认为预言的存在既不是为了预见未来，也不是预防某类事件的发生，而只是作为“上帝旨意的出口”。很多所谓的预言家都是这样做的，让他们的预言成为“后见之明”。换言之，预言刚开始就是要刻意模糊不清，事后回想之际才会明了，这就增强了预言家的可信度，也为他们的其他论调增加了砝码。很多宗教教义中包含着“巨大的卖点”：如果教义中一些预言后来实现了，就说明整个宗教秉承了神的旨意，因而值得膜拜。

事实上，拿撒勒人耶稣的出现就是几百年前的《旧约》预言的应验——很多基督徒对此深信不疑——接下来《新约》的可信性也得以印证（这也是《旧约》的作用），这使得基督教成为了真正的宗教。这与很多诺查丹玛斯的支持者在解读他的四行诗时的想法相契合：预言的历史性应验表明了诺查丹玛斯是一个真正的预言家。

不幸的是，道义上，这种企图就跟“具有很多可能性的未来”一样不能被人接受。如果上帝预见了即将发生在未来的一件很可怕的事情，而人类有智慧或愿望阻止它发生，那么，对此遮遮掩掩显然是一种残忍。再比如，如果一个预言家预测到一场严重的瘟疫将在人间肆虐，却没有说具体的细节（时间、地点、如何减轻它的后果等等），那这个人算是上帝的信使吗？——尤其是他竟然搭上了上百万人的生命，只为证明其预言的准确性？我相信不是这样的。如果有这样的人，那他是残忍的，漠视生命的。他所做的一切都是为了巩固他作为预言家的地位。如果预言变成了证明的手段，那它无疑将成为危险的游戏。

当然，诺查丹玛斯或《圣经》，或其他无数的教义或是此类的预言家——是否真正预见了未来还有待于讨论。可以确定的是，很多预言可以被曲解成不同版本，这些版本的解释都不很清晰——这些文献中的特定章节到底是对未来的预测还是对过去预言的证明（特别是在《圣经》中）呢？这些章节真的被我们正确解读了？事实是，很多被成功证明了的预言，至今还在不断引发人们的讨论。由此可见，如果预言被当作一种决定未来或者树立可信度的工具，那么它的根基是十分薄弱的，通常经不起推敲。

# 结论

最后，不管未来是否可以预知，我们仍旧需要面对的现实是：我们每天都在描绘着未来。我们迈出的每一步，都在打磨着那条时间轴，个人的一小步聚集成社会的一大步。我们做出的每一个决定（不管是从国家社会还是个人的角度）都在潜移默化地影响着时间轴——不是改变它，而是完善它的方向、增强它的动力。一个新的决定会确定一个新的方向，同时否定了无数潜在的道路——它们曾经向我们敞开而如今已经关闭。接着，新的道路向我们敞开，随之而来的又是无数新的可能性。在逝去的一秒钟里，每一种可能性都有可能被实现或淘汰，这也就使得我们的生命旅程如此精彩纷呈。假如我们知道前方等待我们的是什么，那么整个过程就会变得毫无意义，我们也就失去了“未来设计者”的身份；那么，我想我们也就失去了大部分的自我。只要我们还是鲜活的生命个体，我们就是时间的产物。就这点来说，我们也是未来的公民；如果将其抽离，仅仅是造物的观察者而不是参与者，那将是人类最大的悲剧。

第十五章

# 毁灭还是乌托邦：未来的真面目是什么

关于末日学说，有一点经常被忽略掉，那就是一些预言家——我承认只是极少的一部分——并不将末日看作死亡和毁灭，而是将其看作是一个崭新宁静的荣耀时代的开始。它让人类终于放下野蛮的过去，向文明的更高点前行。事实上，伴随着20世纪60年代末“大同时代”以及接下来1987年的“和谐汇聚”的曙光，一些人认为人类良知的转变已经开始，在接下来的几十年里将继续汲取动力——尽管动力有时并不十分明显。

尽管这一说法听上去有些离奇古怪，甚至有些幼稚，但我也不会附和那些人——他们认为新纪元的降生之地不是在我们星球。事实上，我怀疑那些想让人类迅速“销声匿迹”的人本身就不够成熟，在一定程度上表现了其幼稚。虽然我们的过去充斥着黑暗，但这并不代表我们的未来也是如此，人类被证明有能力从过去的错误中汲取教训，所以毫无疑问，我们会开创超乎想象的光明未来。正如我们在前一章中提到的那样，未来有待于我们去书写，谁说未来不能比过去更加美好呢？

当然，在讨论未来时，游走于新纪元派的积极乐观和末日预言学家的悲观消极之间，我们必须要格外小心，因为两边都有证据支持他们的观点。一方面，我们一直淹没在各种负面新闻中——经济衰退、战争以及要爆发战争的谣言、政治迫害、恐怖主义和环境恶化的双重威胁以及伴随而来的社会动乱，这使得我们很难看清未来10年、20年、50年甚至上百年人类社会将如何健康发展。另外一方面，有大量的证据证明人类并非那么鲁莽无谋，甚至比很多人想象的更加有韧性和适应力。实际上，如果我们仅仅看到我们自身的自私和恐惧，那么我们就永远无法到达光芒万丈的新纪元。

真相在哪里？我想，它就在两种极端中间的某一点上。显而易见，在21世纪，人类要面对很多的困难和挑战，然而困难和挑战是一直存在的。我们这一代人要面临拥有核武器和恐怖分子的岌岌可危的环境，而我们的祖父那一代人面对的是纳粹分子、集中营和冷战。我们争取平等、普及教育和医疗改革；他们则为妇女权益、废除种族歧视而斗争。我们看到的是潜在的战场，而他们则是拿起刀枪在真正的战场上浴血奋战。每一代人都有每一代人的问题，但是每一代人都要坚强面对。

在内心深处，我是一个乐观主义者。我坚信人类正在逐步发掘自己的潜能，唤醒曾经不为我们所知的能力。新纪元学派认为在某一天人类会有一个全新的觉醒和开始，或者说一场大灾难使得那一天降临。人类的觉醒需要一个开关，一旦开启就会照亮整个人类社会向高级的文明迈进。我不能认同上述观点。我认为人类已经逐步踏上了通往觉醒的旅途，这是不可否认的。

在“和谐汇聚”或“大同时代”来临前很长一段时间，人类文明的核心本质是为黑暗的世界带来更多的光明。这场运动没有开始的时间，千百前来，它就像是茫茫黑暗大海上一支火光微弱的蜡烛，一直坚守，从未熄灭。从精神层面讲，人类可能还处在幼年时期，所取得的进步可能很难被察觉，但不管怎样我们确实取得了进步。就像慢慢往一个污水塘里注入清水，其稀释清洁的作用在很长一段间内可能都难以显现，但终究有一天，污浊会被涤荡。人类会为这澄净的清泉而感到骄傲。

也许很多人会质疑我的观点。世界不是明显在往坏的方向发展吗？环境恶化、人口激增、传统道德和信仰的逐步缺失让很多人认为人类在精神上正在倒退，人类社会正在进步的观点是无稽之谈。

当然，判断特定文化下的精神世界状态是一个非常主观的过程，人们更容易受到偏见的驱使而忽略事实。因此，要判断我们的精神世界和过去相比是否倒退了是非常困难的一件事。当我们从狭隘的视角去窥探过去时，通常我们看到的仅是过去的几十年，而不是从整体的角度看待历史。换句话说，我们都把目光聚焦在了距离我们最近的过去，对于“美好的过去”究竟是什么样还是知之甚少。

然而，当我们从宏观的角度回望历史——也就是自人类诞生以后的历史——我们就会受到启发，对人类社会满怀希望。所以在本书即将结束之际，我希望给读者播下乐观的种子。也许有一天我们会深信人类可以挺过惊涛骇浪最终驶向文明的觉醒，那将是我们去思考未来的真正目的。

## 贫困和教育的普及

在这个星球上无数人毕生都在和贫困作斗争，这一现象依旧普遍。世界上很多人每天靠几美元生存，在一些国家，许多人每年只有几百美元的收入。贫困问题自人类诞生伊始就如影随形，并且成了人类社会挥之不去的病痛，尽管消灭贫困是我们一直以来的梦想。

我们接受这个现实：贫困和剥削一直是人类社会的一部分。而接下来我们需要问的问题不是如今是否还存在饥饿和贫困，而是和一个世纪或两个世纪甚至几千年以前相比，贫困人口的比例是保持不变、变大了还是变小了？换句话说，如果你要说明人类社会是在走下坡路，那么我们应该看到的是贫困人口会随着人口增长而增加，而且生活在贫困线以下的人理应日益增多才是。

幸运的是，在花费一些时间仔细查看了相关资料之后，我想我们有理由乐观些。根据2006年3月《国际经济》杂志的一篇文章，从1820年（从那时起有经济统计数据）到1950年间，贫困率每20年下降4%。从1950年到1980年间，贫困率每20年下降14%。更加鼓舞人心的是，自1990年开始，世界贫困率已经下降了20%。

若有10亿左右的人口摆脱了贫困，也就是说相当于世界上20%的发展中国家人口脱离了贫困，这是非常具有历史意义的。显然，贫困线以下的人口是在不断下降的（不管是相对比例还是绝对数量）。而且往往越是不发达的国家反倒会涌现出很小一部分且数量递增的中产阶级。这是最近人类生存状况发生的改变，同时也向我们传递了积极的信号。

还有，根据联合国的相关研究，世界成人识字率是82%，在发达国家，成人识字率几乎达到99%。而20世纪初的成人识字率，即使将发达国家包括在内，也只有5%到10%。如今，人类几乎比历史上任何时期的文化程度都高，在下一个世纪这一趋势也会继续保持。据此推算，到21世纪末成人识字率达到100%也不是不可能的。

另外需要说明的是，在1900年，美国只有10%的人具有高中文化程度。如今，只有10%的人没有高中文化程度，高等学府的数量是50年前世界高等学府数量的2倍！事实上，人类在每一个领域的努力——新生婴儿死亡率、人口寿命、年收入、医疗覆盖情况、卫生状况——都使得世界在过去的100年时间里取得了巨大的进步。当然，我们并不否认世界上的一些地方仍然陷于赤贫的沼泽，或者说艾滋病或其他疾病在一些人群中仍在肆虐，但是和仅仅是一个世纪以前地球上大多数人的生活质量相比，现在我们显然是已经好很多了。

## 人权和公民自由

人类的民主法治取得了显著的进步，特别是在过去的几个世纪里。曾经，奴隶制还是在世界范围内被广泛接受的制度（事实上，这个制度在过去七千年时间里对人类文明起到了重要的作用），然而如今，奴隶制在地球上的任何地方都是非法的。此外，在绝大多数地方，过度劳役雇员以致死亡以及对小偷小摸的行为施重刑都是不被允许的。还有，现在人们不会因为施巫术而被处以绞刑，也不会以宗教异端为由而被烧死。仅在一个世纪以前，一个人可能只是因为肤色问题就遭受私刑，但现在这是不可能发生的。

妇女、儿童和少数族裔的权益有了极大的改善，特别是和过去的状况相比。现在，真正的专制社会尽管还是存在，但是已经不再普遍，并且这样的国家也很难获得长久的发展。当然，还是有很多特例：在一些第三世界国家，打击雇佣童工的立法制度依然薄弱，富裕阶层的剥削依然存在（在一些地方还很普遍）。但欣慰的是这些问题一旦曝光，一般都会得到有效遏制。而在过去，此类行为大都被容忍、视而不见甚至被鼓励。显然，现在我们距离一个乌托邦的世界还很遥远。人类是否从整体上对人权问题更加关注、是否更加不能容忍为了富人的利益而去剥削弱势群体还很难定论。

## 战争和有关战争的谣言

随着民主进程的不断推进，将战争作为对外政策的一种手段，这种方式已经越来越不受欢迎、越来越不普遍了。显然最近的伊拉克和阿富汗战争——先不考虑它们的必要性——充分向世界证明了作为一种外交手段，这场战争即便没有失去它的意义，起码也丢掉了它原有的光环。尽管世界上一些偏远地区小规模的冲突依然存在，但真正的大战——指两个或两个以上主权国家的武装冲突——却越来越少见了。这说明和过去相比，今天的国家极不愿意用武力解决争端。当然，恐怖主义和核武器的威胁依然存在。

尽管核战争的威胁仍然不可轻视，但在过去20年里核武器的扩散量已经大幅度降低了。1987年，世界上6个拥有核武器国家的核弹头总数超过70000个，而现在大约只有20000个，以后核弹头的数量还会减少。这主要归功于签订于20世纪80年代和90年代的防止核武器扩散条约以及苏联的解体（苏联持有较多数量的核弹头）。当然20000个核弹头依然是不小的数目，但相对于冷战时期已经少了很多，那个时候核弹头的总威力能够将地球来回摧毁个十来遍，现在想起来还真是不寒而栗。不管怎样，核武器的数量是在减少而不是在增加，这就是一个乐观的信号。

那么，我们又如何解释20世纪的那两次惨绝人寰的世界大战、令人发指的集中营的残酷迫害以及最近日渐上涨的犯罪率，恐怖主义的升级和国际间贩毒活动的猖獗呢？我们是否可以说，现在，人类社会正在走向道德的沦陷而并不是处在一个美好黄金启蒙时期的门槛？

没错，看上去近几百年来人类的暴行远比过去要严重的多。原因有两点：第一，在过去大多数人的政治和宗教观点趋向一致，还很少涉及到对于异己的杀戮，而现在，种族灭绝这种暴行又有悖于现代人的道德准绳；第二，由于媒体和网络的发展，种族灭绝这类暴行一旦发生，其影响范围和恐怖程度会受到更多的关注，而过去信息量有限，很多人对世界上发生的暴行毫不知情。此外，暴行一旦被披露，立即会引起国际社会的广泛关注和回应。近代社会，大范围杀戮比过去更为频繁。这可能是因为科技的发展使得有效地消灭大批人成为了可能。比如说，如果没有毒气室这东西，可能就不会有那么多人惨死于集中营。这些杀戮一方面证明了人类的暴行之野蛮，另一方面也反映了科技的发展。如果古代的暴君同样掌握了今天的科技，那很显然，集中营这种死伤度对他们来说根本就不痛不痒。

最后，我们要看的不是当今的犯罪行为和暴行是否比过去多，而是比例是否增加了。不可否认的是，跟过去相比，现在更多的人死于同类相残，而人口数量也远比过去多很多。当人口增加时，犯罪率也会增高，这很正常，但犯罪频率并不是必然增高。举一个例子，人口增加两倍但犯罪率却下降了40%的情况，其犯罪案件的绝对数量依然会增加。所以说，如果我们只是看一些统计数据的话，便会觉得事情是如此糟糕。然而，实际上人类文明水平是有了显著提高的。迷惑我们的，不过是数字游戏罢了。

## 环境威胁

很明显，环境的恶化让我们的地球看起来危机四伏，真的是这样吗？地球上的总人口正在迈向70亿，气候变化对气象、海洋和生态系统都构成了威胁，荒漠化带来了灾难性的后果，能源不断减少，可探测储备量有限。与此同时还要应对日益膨胀的世界经济。人们怎么可能觉得世界正在走向美好？

谁也没说现在的形势不严峻，然而意识到威胁的存在是战胜困境的第一步。几十年来，人们一直致力于工业革命，它是前所未有的，所以那时人们并没有去考虑向环境中排放大量有毒废气、砍伐森林、往河流和湖泊里排放污水会有什么恶果。然而，现在我们正致力于改变这一切。工厂和汽车尾气的排放标准正在严格执行；空气污染得到认真治理；濒临灭绝的物种又回到了我们的视线；资源的循环利用成为了快速增长的新兴产业，推广清洁的、可再利用资源方兴未艾。

一个显而易见的事实是，我们已经意识到了人类发展中的大量问题并愿意寻找解决方案，这不也同样让人鼓舞吗？毫无疑问，世界仍面临很多挑战，我们要解决来自政治、经济和科技等诸多领域的问题——没有几个人预见到会有大灾难——不管怎么样，步入正途就是件好事情。

## 结论

那些持悲观社会理论的人可能还是不为我的事例所动。我认为他们也只有靠着无视历史一意孤行，才能够继续维系他们的悲观理论。尽管在很多方面，我们仍然很残忍，我们的无心之举有可能会让我们走向自我毁灭，但是我们比过去更加不能容忍对人类价值的蔑视、对环境的破坏以及社会不公平。有很多原因促成这一结果，这或者也是我们作为一个物种自然而缓慢进化的过程（或者这就是事物发展的自然链条）。只要我们睁开双眼用心体会，就会发现人类的政治、社会和宗教在发展和进步。人类从未停止迈向光明的脚步。

我们所要寻找的不是一个完美的世界，这样的世界也不存在。然而，我们需要的是这样一个星球：人类尊重自己，尊重环境，依靠对话和不懈的努力解决问题，每一天我们都和自己的潜能更进一步。它可能不是传统意义上的乌托邦，但是它能赋予我们一个充满希望的未来世界，这不仅是我们的命运，也是我们与生俱来的权利。在我或我的读者们的有生之年，它或许不会实现；但不管我们需要等待多久，人类总会迎来这一天。主宰未来的是我们自己——不是宿命，不是星象，甚至也不是神灵。我相信我们只是刚刚开始理解这一切。一旦我们真正领会，我们会从自身获得力量，并创造出令人骄傲的世界。

天真？可能吧，但这是让我忍不住想要拥抱的天真。

# 结束语

如今，当我回望自己那些怀着世界末日信仰的日子，总是不禁怀疑自己到底为什么那么快就相信了亨利·林德西和他那些关于世界末日的理论，更让我不解的是，竟然还相信了那么久。我想，这应该就是一段学习的过程吧。

不仅如此，这段经历也帮助我更深刻地理解了所谓的末日场景，而如果那段日子的积淀我是永远也无法明白的，如果我和众多对末日学说持怀疑态度的人们一样，对自己高超的辨别力充满自信，并将自己高高挂起的话，那么，这本书恐怕永远不会面世。

最重要的是，我认为阅读亨利·林德西的书的过程和阅读后的种种经历帮助我看清楚了人性的一个缺陷——也是我自身的缺陷，而这个缺陷是我们进化为更优等的物种之前必须得到解决的，那就是恐惧在我们生命中扮演的角色。当我还是一个孩子的时候，我从来没有意识到这种最基本、最原始的情感能在多大程度上控制我们，指挥我们的行为、思想、信仰和感受，并广泛地塑造我们对周围世界的看法。正是我们内心的恐惧，有的时候让我们的星球变成了一个恐怖的地方，而对世界末日的预言正是这种恐惧的天然副产品。

或许世界末日信仰的真正悲剧在于：它们掠夺了我们对未来的乐观向往，而留给我们了一个缺失了希望的世界。在这样的世界里，恐惧成为了行为准则，而绝望则是对恐惧的唯一合理的回应。恐惧也在摧毁着我们的斗志，让我们无法战胜命运摆放在我们面前的障碍，让我们无法想象出实际的解决方法来走出我们面对的所有危机。障碍，我相信，是每时每刻都存在的，因为这样我们才有可能作为一个物种成长起来。然而，这种信仰使得人性的完善变得没有意义，因为再过几年、几十年或几个世纪，我们都将化为一片尘土，那么能否演变为“智人”的问题又有何意义？难道这不是对时间和精力的巨大浪费么？

我不相信这是浪费。同时，我完全愿意承认我们生活在一个充满了危险的世界，也是充斥着各种可能性的世界，它使得“潜在黄金时代”的实现并不完全是幻想，只要我们能够克服阻碍我们前行的恐惧。这并不容易。但是我猜想某天人类将回望这个时代——作为一个新纪元的开始，并认为人性在此时“初见光芒”，人们开始走出恐惧。这也许才是对人性的真正考验，是迄今为止对“人性天生就是伟大的”这一说法的最好佐证。

幸运的是，希望犹存。我们应该重新思量一下那所谓“可怕的未来”了，尤其是与可究的历史相对照的时候。我们的祖先可能不用担心全球性的瘟疫盛行和冰山的融化，但是他们和现在的我们一样肯定末日的存在。然而，他们的猜测是错的，那么我相信，我们的猜想也是错的。

不管为什么我们如此迅速地吸收了末日理论，我认为不论从社会还是从个人的层面上来说，这些理论都是不健康的。本质上，它们都是设计出来吓唬我们的，让我们相信每一个世界性事件、每一次气候反常、每一个恐怖袭击都是末日天启的脚步声，这让我们的生活变得真的很艰难。但我并不是说危险不存在，我们完全不需要担心了。核恐怖袭击的潜在可能性、环境灾难、人口的极度过剩和社会动荡都是我们需要面对的问题。感觉论和伪科学世界末日理论将我们的注意力从我们真正面临的问题上引开了，只要我们还生活在一个充斥着这种理论的世界中，我们就无法真正地理解这些理论背后的真正危险。

尽管大多数的这种遐想本质上都是无害的，但我们要了解，末日理论存在着它的阴暗面——那就是它所造成的后果，并且确实给人们的生活带来了很大影响。从“天堂之门”邪教的39个男女和琼斯镇自杀的913个男女和儿童，我们可以看出，相信世界末日的后果会变得非常严重。

当我们真正了解了最初我们为什么会接受这些理论，这些理论又在怎样塑造我们对周围世界的看法之后，我们便会得知这些信仰到底会给我们带来多大的潜在伤害，而那些包含在其他极端末日预言中的真正危险，我们要尽可能避免。那么，我们该怎样保护自己不受这些末日观点的伤害呢？这并不困难，真的：当这类理论出现时，只要保有一份怀疑的态度；相信证据，查阅相反观点；确信自己有抵御受骗的能力。有时，承认自己可能会成为被冲昏了头脑的受害者并没有错，事实上，有这种内省的能力恰恰是头脑灵活的体现，而非性格上的缺陷。

我们过去都曾对一些事情深信不疑，而如今我们发现这些事情是错误的。发现错误，再将其抛之身后——如果我们想要思想上对自己绝对诚实、情感上足够成熟，就应该这样做。另外，我想我们也达成了共识——那就是我们今天相信的事情，也许在未来的某一天我们会发现它完全是错误的。或许最初会让我们有些难堪，但最终这会提高我们的理解力和鉴别能力。有时候我们会轻信假话和废话；但这正是人之所以为人的一部分原因。当你意识到自己容易犯错，世界末日的预言家便无法将你拐骗到他们那充满了恐惧和黑暗的世界，无论他们的预言听起来有多么可信，多么真诚。

这便是智慧的开始。